www.tredition.de

AF202452

Hans-Christian Rickauer

Pastor im Wider-
stand

Hinführung zum Leben und Denken Dietrich Bonhoeffers

www.tredition.de

© 2017 Hans-Christian Rickauer

Verlag: tredition GmbH, Hamburg

ISBN
Paperback: 978-3-7439-1006-5
Hardcover: 978-3-7439-1007-2
e-Book: 978-3-7439-1008-9

Printed in Germany

Vorwort

Während der Jahrestagung der deutschsprachigen Sektion der Internationalen Bonhoeffergesellschaft 2015 in Eisenach fragte mich der Leiter der Arbeitsgruppe Gedenkstätten, Professor Dr. Günter Ebbrecht, welchen Bezug Limbach-Oberfrohna zu Dietrich Bonhoeffer habe, dass dort ein Platz nach ihm benannt und ein Gedenkstein errichtet wurde. Tatsächlich begegnet einem der Name der Stadt nicht im Lebenslauf Bonhoeffers. Der Bezug ergibt sich gewissermaßen auf „Umwegen". Im Jahr 2000 wurde die Gemeinde Wolkenburg nach Limbach-Oberfrohna eingemeindet. Dort gab es ein Außenlager des Konzentrationslagers Flossenbürg, in dem von 1944 bis zum 13. April 1945 fast 400 Frauen, davon ein Drittel Sinti und Roma, als Gefangene und Zwangsarbeiterinnen lebten. Lagerkommandant war SS-Scharführer Wilhelm Brusch. Auf dem Gemeindefriedhof sind einige Gräber von Häftlingen, die in diesem Lager ums Leben kamen. Nach 2000 wurden diese Gräber von der Stadt mit Unterstützung der Bundeswehr würdig instandgesetzt, Gymnasiasten forschten zu den geschichtlichen Zusammenhängen und gestalteten eine Erinnerungstafel. An einem von der Stadt errichteten Gedenkstein fand alljährlich am

27. Januar, dem Gedenktag für die Opfer des Nationalsozialismus, eine Kranzniederlegung als Akt des Erinnerns und Mahnens statt. In diesem Zusammenhang wurde auch an das Beispiel Dietrich Bonhoeffers erinnert, der sehr früh die Unmenschlichkeit der nationalsozialistischen Ideologie durchschaute, auf unterschiedliche Weise gegen sie agierte und schließlich dafür am 9. April 1945 im KZ Flossenbürg ermordet wurde.

Als nach der Jahrtausendwende auch in Sachsen die NPD erneut erstarkte und in Limbach-Oberfrohna sogar ihr Landesparteitag abgehalten wurde, zeigte die Bevölkerung zunächst auf unterschiedliche Weise aber klar ihre Ablehnung. „Limbach-Oberfrohna für Demokratie und Toleranz" stempelte die Stadtverwaltung auf ihre Briefe. Schließlich bildete sich ein breites Bündnis aller demokratischen Kräfte. In diesem Zusammenhang regte die Kirchgemeinde Limbach-Kändler an, den Platz zwischen Kirche und Rathaus nach Dietrich Bonhoeffer zu benennen und so ein klares Zeichen gegen neuen Rechtsextremismus und für die Achtung der Würde eines jeden Menschen zu setzen. Vom Stadtrat wurden die Namensgebung und die Errichtung eines Gedenksteins auf diesem Platz beschlossen. Am 8. Mai 2015, dem 70. Jahrestag der Befreiung Deutschlands von Nationalsozialismus, fand die feierliche Einweihung statt. Im Namen der Vorsitzenden der deutschsprachigen

Sektion der Internationalen Bonhoeffergesellschaft überbrachte das Vorstandsmitglied Christina Vater ein Grußwort.

Der Name Dietrich Bonhoeffers als Pastor, Mitglied des Widerstands und Opfer des Nationalsozialismus ist allgemein bekannt. Schon weniger Menschen wissen, dass seine Statue an der Londoner Westminster Abbey unter den Märtyrern des 20.Jahrhunderts zu finden ist. Um die Öffentlichkeit mit seinem Leben, Denken und Wirken etwas näher bekannt zu machen, verfasste ich im Frühjahr 2015 für das städtische Amtsblatt eine kleine Artikelreihe. Später wurde ich um einige Vorträge gebeten. Das vorliegende Heft ist eine Überarbeitung all dessen. Sein Ziel ist es, eine erste „Hinführung" zu sein – zu seiner Biographie, zur Entwicklung seines Denkens und zu der für ihn eigenen Art, gegenüber Herausforderungen Stellung zu beziehen. Gleichzeitig will es zum Weiterfragen und zu einer vertieften Beschäftigung mit Bonhoeffers Leben und Denken anregen.

Limbach-Oberfrohna, am 4. Februar 2017

Grußwort

Verehrter Herr Oberbürgermeister Dr. Rickauer,
sehr geehrte Festgemeinde,
meine Damen und Herren,

Sie haben sich heute hier versammelt, um den neu gestalteten und mit einem Gedenkstein für Dietrich Bonhoeffer ausgestatteten Dietrich-Bonhoeffer-Platz einzuweihen. Die Internationale Bonhoeffergesellschaft, Deutschsprachige Sektion, dankt Ihnen sehr herzlich dafür, dass Sie diesen prominent gelegenen Platz Ihrer Stadt dem Andenken Dietrich Bonhoeffers widmen.

Dietrich Bonhoeffers Leben und Denken sind auch noch 70 Jahre nach seiner gewaltsamen Ermordung im Konzentrationslager Flossenbürg bewegend und nachdenkenswert. Mit großem Mut hat er sich gegen gesellschaftliche, politische und kirchliche Missstände seiner Zeit engagiert, immer getrieben in der Frage, wie er sein Leben in der Verantwortung vor Gott und den Menschen gestalten kann. In einem Text an seine Mitverschworenen vom 20. Juli 1944

schreibt Bonhoeffer deshalb: „Die letzte verantwortliche Frage ist nicht, wie ich mich heroisch
aus der Affäre ziehe, sondern wie eine kom-
mende Generation weiterleben soll."

Wenn Sie heute diesen Platz mit einem Stein
zu seinen Ehren auszeichnen, zeigen Sie, dass
Sie sich als Stadt, als Politiker und als Bürger einer solchen Verantwortung stellen. Sie wollen
sich daran erinnern lassen, dass das Leben je-
des Einzelnen wertvoll ist und sich der Einsatz
füreinander lohnt. Sie wollen sich daran erinnern
lassen, dass keiner nur für sich selber lebt, sondern im Miteinander und Füreinander von Menschen sich Menschsein und nach Bonhoeffers
Überzeugung auch Christsein erfüllt. Mit der heutigen Einweihung setzen sie ein Zeichen gegen
Nationalismus und Fremdenfeindlichkeit.

Für Ihr Leben in Ihrer Stadt wünscht die
deutschsprachige Sektion der Internationalen
Bonhoeffer-Gesellschaft Ihnen von Herzen alles
Gute und Gottes Segen.

Prof. Dr. Christiane Tietz

Vorsitzende der deutschsprachigen Sektion
der Internationalen Bonhoeffer-Gesellschaft

Abb. 1: Stele auf dem Dietrich-Bonhoeffer-Platz in Limbach-Oberfrohna

Einleitung

Dietrich Bonhoeffer entstammt einer großbürgerlichen Familie der Bildungselite der zu Ende gehenden Kaiserzeit. Er studierte Theologie, promovierte, habilitierte, war Privatdozent, Pfarrer und leitete ein Seminar der Bekennenden Kirche. Er ließ sich am liebsten „Herr Pastor" anreden. Er war V-Mann der deutschen Abwehr und arbeitete unter Admiral Canaris aktiv im Widerstand. Auf ausdrückliches Betreiben Hitlers wurde er im KZ Flossenbürg zum Tode verurteilt und am 9. April 1945 mit anderen Mitgliedern seiner Widerstandsgruppe zum Tode durch Erhängen am Strang verurteilt und ermordet.

Wer war dieser Mann? Christlicher Märtyrer des 20. Jahrhunderts? Vielen Menschen ist er bis heute ein Glaubensvorbild. Er steht für christliche Hoffnung und Zuversicht selbst in schwierigsten Zeiten. Ist er der hochbegabte Theologe, der der Theologie des 20. Jahrhunderts wichtige Impulse verlieh und zugleich gewaltbereiter Widerstandskämpfer, der als letztes Mittel ethisch auch die Tötung des Diktators Adolf Hitler bejahte? Muss zwischen einem frühen, mittleren und späten Bonhoeffer unterschieden werden? Oder wird er zu einfach als Held verklärt und bleibt eigentlich für uns unfassbar und fremd?

Der Amerikaner Charles Marsh gibt seiner kritischen Bonhoefferbiographie, die 2015 auch in deutscher Übersetzung erschien, den Untertitel „Der verklärte Fremde". Die letzten siebzig Jahre zeigen eine vielschichtige und teilweise unterschiedlich akzentuierte Sicht des Lebens und Wirkens von Dietrich Bonhoeffer. Dies verwundert wohl auch nicht, wenn die Internationale Bonhoeffergesellschaft mehr als 6000 Publikationen über ihn vermerkt. Richtig ist sicher, dass Leben und Denken bei ihm in besonderer Weise verflochten „und seine theologischen Thesen von den Erfahrungen seines Lebens durchdrungen sind."[1]

Bonhoeffer ist es von Kindheit an gewohnt, das Erlebte zu reflektieren. Die Erziehung des Vaters duldet kein unbesonnenes „Geschwätz". Dietrich, dem von allen Geschwistern besonders an der Anerkennung durch den Vater liegt, verinnerlicht diese Einstellung. Die Reflexion des Erlebten führt bei ihm zu Einsichten, die immer wieder seinen Lebensweg prägen. Schon als Student formuliert er in einer Semesterarbeit: „Christentum bedeutet Entscheidung."[2]

Kern lutherscher Ethik ist, dass gutes und gerechtes Handeln des Christen aus dem Glauben als dessen Quelle heervorgeht. Als junger Theologe beginnt Bonhoeffer zu fragen, was wirkliche Kirche ist und gelangt in seiner Dissertation zu der Einsicht, dass Kirche als Kollektivperson selbst ethisch verantwortlich ist. Diese Forderung an die Kirche wird ihn in der Zeit des Nationalsozialismus zum Konflikt mit der Kirche selbst führen. Für alle, die nach Christi irdischem Tod leben, gibt es nur die Möglichkeit, ihm in der Kirche zu begegnen, in der Verkündigung, im Gebet und in der Hinwendung zum Nächsten. In den letzten Lebensjahren arbeitet er am Entwurf einer Ethik. In ihr wird besonders deutlich, dass für Bonhoeffer Theologie und eigenes Erleben engstens verbunden sind. Es geht ihm nicht um ewig gültige Prinzipien und Normen, vielmehr will er ermutigen, in der jeweiligen geschichtlichen Situation auf Gottes Gebot zu hören, Verantwortung zu übernehmen und so Christus nachzufolgen.

Kindheit und Jugend

Dietrich Bonhoeffer wird am 4. Februar 1906 in Breslau als sechstes von acht Kindern kurz vor seiner Zwillingsschwester Sabine geboren. Sein Vater, Karl Bonhoeffer, ist Professor für Psychiatrie und Neurologie sowie Klinikchef an der Universität. Seine Mutter Paula, geborene von Hase, entstammt einer adligen Familie. Ihr Vater war Theologieprofessor und zeitweise Hofprediger Kaiser Wilhelm II. Übereinstimmend beschreiben die Kinder den Vater als Mann, der geradezu ein Inbegriff der preußischen Tugenden war: Pflichtbewusstsein, bescheidenes Auftreten, einfühlsam und zugleich Distanz wahrend. Leeres Gerede wird verachtet. Auch im privaten Bereich wird nur gesprochen, was durchdacht ist. Dietrichs Zwillingsschwester Sabine berichtet, dass die Erziehung des Vaters dazu führte, dass die Kinder an leeren Schlagwörtern, Geschwätz, Gemeinplätzen und Wortschwall keinen Gefallen fanden. Sich berühren, Emotionen zeigen, Spontaneität oder anderen Gefühle mitteilen gilt als unschicklich. In den Kreisen des gehobenen Bürgertums gehört Distanz halten zum guten Ton. Besonders Dietrich bemüht sich in der Familie um die Anerkennung des Vaters.

Die Mutter Paula ist eine selbstbewusste, unabhängige Frau, die auch als Ehefrau ihre Eigenständigkeit zu wahren weiß, was von Karl Bonhoeffer respektiert wird. Als Frau kann sie Gefühl zeigen, macht jedoch deutlich, dass Gefühl und Verstand zusammengehören. Sie ist ausgebildete Lehrerin und unterrichtet in den ersten Schuljahren ihre Kinder selbst zuhause.

Das Bildungselitäre paart sich bei Bonhoeffers mit einem weitgehenden Liberalismus. Früh lernen die Kinder, dass man über Monarchie und Gesellschaft unterschiedlich denken kann. Die Familie teilt nicht die Bewunderung vieler Zeitgenossen für die Hohenzollerndynastie. Die markigen Sprüche des Kaisers werden verachtet. Die Verwandten der Eltern sind vielschichtig in Ansichten und Lebensstil. In Vaters bürgerlicher Familie kommen Konservative, Monarchisten und Republikaner vor. Unter Mutters adeligen Vorfahren gibt es auch Aussteiger und sogar einen Festungshäftling von 1848. Von Fragen der Religion hält sich der Vater fern. Die religiöse Erziehung liegt im Rahmen des damals bürgerlich Üblichen in den Händen der Mutter. Sie betet abends mit den Kindern und erzählt ihnen biblische Geschichten. Die Bindung an die institutionelle Kirche ist locker. Selbstverständlich werden die Kinder konfirmiert. Den Gemeindegottesdienst besucht man aber so gut wie nie.

Materiell ist das Leben von Wohlstand geprägt. Es gibt Personal - vom Kindermädchen über die Köchin bis hin zum Gärtner und Chauffeur. Die Kinder haben eigene Zimmer, Spielzeug, einen Garten, können Freunde einladen und es gibt ein Ferienhaus der Familie erst in Wölfelsgrund im Glatzer Bergland und später in Friedrichsbrunn im Harz. Kenntnis vom Leben proletarischer Schichten der Bevölkerung gibt es nicht und schon gar keinen wie auch immer gearteten Kontakt.

Abb. 2: Elternhaus in Berlin-Grunewald 1916

1912 erhält der Vater einen Ruf an die Friedrich-Wilhelm-Universität, was den Umzug nach Berlin zur Folge hat. Zunächst wohnt die Familie in der Nähe des Tiergartens, 1916 zieht man in ein Haus im vornehmen Grunewaldviertel, wo Berühmtheiten wie Max Planck, Adolph von Harnack oder Hans Delbrück leben. Mit der Übernahme der Professur in Berlin gehört der Vater zu den führenden Vertretern der deutschen Psychiatrie und ist eine international anerkannte Kapazität mit Privatpatienten im In- und Ausland. So hat er auch selbstverständlich Zugang zu den höchsten Regierungskreisen.

Im Sommer 1914 beginnt der Erste Weltkrieg. Materiell müssen sich die Bonhoeffers nicht einschränken. Sie behalten ihr Personal und fahren regelmäßig in das Ferienhaus in Friedrichsbrunn. Das gesellschaftliche Leben in Berlin-Grunewald geht weiter. Im letzten Kriegswinter, dem sogenannten „Kohlrübenwinter" schreibt der gerade noch elfjährige Dietrich am 23. Januar 1918 an die Großmutter: „Neulich waren wir alle abends zum Essen bei Schönes. Zuerst gab's eine wundervolle Wurstsuppe – sie hatten nämlich gerade ein Schwein geschlachtet – dann einen Kalbsbraten…Übrigens gab es auch sehr guten Wein, von dem wir alle ziemlich viel bekamen."[3] Später wird er sagen, dass seine Familie die Schattenseiten des Lebens von ihm ferngehalten habe.

Trotzdem ändert sich mit Kriegsbeginn für Dietrich die Welt. Die heile Welt der Kindheit gerät aus den Fugen und wird nie wieder in die alte Ordnung kommen. In der Schule stecken die Schüler auf Landkarten den Frontverlauf ab und mit den Traueranzeigen der Gefallenen tritt der

Tod ins öffentliche Bewusstsein. Noch liest er mit Begeisterung Geschichten von Menschen, die für eine gute Sache ihr Leben opfern und findet, dass das Sterben nicht hart ist für den, der an Gott glaubt. Diese kindliche Auffassung vom schönen frommen Tod schwindet aber in dem Maße, wie das wirkliche Leben vom wirklichen Tod bedroht wird. Aus den Fugen gerät seine Welt durch den Tod seines Bruders Walter, der am 28. April 1918 an der Westfront schwer verwundet wird und wenige Tage später an den Folgen stirbt. Dieser Tod trifft die ganze Familie schwer. Die Mutter verlässt das Haus und zieht für mehrere Wochen zu Nachbarn, der Vater unterlässt das sonst traditionelle Verfassen eines Jahresberichtes. Der zwölfjährige Dietrich erlebte die Betroffenheit seiner Eltern unmittelbar.[4] Später wird er sagen: „Obwohl ich damals ein kleiner Junge war, kann ich diese überaus dunklen Tage des Krieges nicht vergessen."[5]

Wann und weshalb sich Dietrich für das Theologiestudium entscheidet, ist in der Bonhoefferforschung bis heute letztlich eine offeneFrage.[6] In einem Lebenslauf für die Studentenverbindung „Igel" schreibt er 1923: „Schon seit meinem 13. Lebensjahr war mir mein späteres Studium der Theologie klar. Nur die Musik machte mich in den letzten zwei Jahren noch schwankend."[7] Rückblickend erinnert er sich an eine Situation in der Prima. Der Lehrer fragt ihn, was er einmal studieren wolle. Theologie, gibt er zur Antwort und glaubt im Nachhinein bei sich eine Spur von Eitelkeit zu erkennen, „…ja ich habe es gesagt und es gibt kein Zurück mehr…Etwas verwirrt, aber voll Stolz blickt der Lehrer auf den Jungen."[8] Weithin übereinstimmend ist die Auffassung, dass sich Bonhoeffer um die Zeit seiner Konfirmation zum Theologiestudium entschließt und der Kriegstod seines Bruders Walter möglicherweise diese Entscheidung beeinflusst hat.[9]

Von Bonhoeffers Eltern wird die Entscheidung zum Theologiestudium eher zurückhaltend aufgenommen aber akzeptiert. Geprägt von einem liberal – protestantischen Milieu stehen sie der konkret verfassten Kirche in gewisser Distanz gegenüber. Insbesondere Karl Bonhoeffer bewegt der Gedanke, dass sein Sohn doch fast zu schade für diesen Beruf wäre.[10] 1923 – mit 17 Jahren – legt Dietrich das Abitur ab.

Studienzeit – Was ist wirkliche Kirche ?

Im April 1923 nimmt Dietrich Bonhoeffer in Tübingen das Studium der Evangelischen Theologie auf. Dort hat der Vater studiert, dort sollen auch die Söhne studieren. Die Entscheidung zum Theologiestudium ist Dietrichs erste Abgrenzung von der Welt des Vaters, nach dessen Anerkennung er bisher gestrebt hatte. Gleichzeitig muss er aber in Tübingen feststellen, dass er in der kirchlichen Welt nicht beheimatet ist und sein Lebensweg zeigt, dass er in der institutionellen Kirche Außenseiter bleiben wird. Sein Freund Eberhard Bethge wird später sagen: „…weil er einsam war, wurde er Theologe – und weil er Theologe wurde, war er einsam.“[11]

In Tübingen schließt er sich der nichtschlagenden Studentenverbindung „Igel" an, in der bereits sein Vater Mitglied war.[12] Im Frühjahr 1924 unternimmt er gemeinsam mit seinem Bruder Klaus eine dreimonatige Italienreise, die beide auch nach Nordafrika führt. Nachhaltig beeindruckt ihn während des Romaufenthaltes, in den die Karwoche fällt, die Begegnung mit der katholischen Kirche. Er besucht zahlreiche Gottesdienste und erlebt die Entfaltung einer die Sinne ansprechenden Liturgie. Am Palmsonntag nimmt er am Gottesdienst im Petersdom teil. „Fabelhaft wirkt die Universalität der Kirche, Weiße, Schwarze, Gelbe, alle in geistlichen Trachten vereint unter der Kirche scheint doch sehr ideal,"[13] vermerkt er in seinem Tagebuch. Ebenso beeindruckt ihn ein Vespergottesdienst in der Kirche Trinita dei Monti: „Der Tag war herrlich gewesen, der erste Tag, an dem mir etwas Wirkliches vom Katholizismus aufging, nicht von Romantik usw., sondern ich fange, glaube ich, an, den Begriff „Kirche" zu verstehen."[14] Auf den ersten Blick wirkt diese Notiz für einen Studenten der Theologie überraschend. Es ist aber daran zu erinnern, dass Bonhoeffer aus der familiären Erfahrung einen Glauben kennt, der nur in geringem Maß einen Bezug zur institutionell konkreten Kirche hatte. Glauben kannte er vor allem als persönliche Überzeugung. Gottesdienstbesuch und Kirche sind ihm fast nur von der Vorbereitung auf die Konfirmation geläufig. Offensichtlich wird ihm während seines Romaufenthaltes deutlich, dass für die christliche Existenz die Kirche und der gemeinsame Gottesdienst wesentliche Bestandteile sind. Jedenfalls hat die Erfahrung von Kirche in Rom bei ihm einen nachhaltigen Eindruck hinterlassen, der Einfluss auf seine weitere theologische Reflexion hat. Glaube und Kirche gehören zusammen. Ihn wird in Zukunft die Frage bewegen, was wirkliche, lebendige Kirche ist.

Seine Studien setzt er im Wintersemester 1924 in Berlin fort. Zu jener Zeit ist auch an der Berliner Evangelisch – theologischen Fakultät die sogenannte Liberale Theologie oder der theologische Liberalismus prägend, der die vorherrschende Richtung der protestantischen Theologie seit dem frühen 19. Jahrhundert war. In Berlin lehrt mit Adolph von Harnack einer ihrer angesehensten Vertreter, der sich um die Entwicklung von Wissenschaft und Kultur über den Rahmen der eigentlichen theologischen Lehrtätigkeit hinaus größte Verdienste erworben hatte. Obwohl er bereits seit 1921 emeritiert war, hielt er weiter Vorlesungen und bot für einen bevorzugten Kreis von Studenten Seminare an. So besucht auch Bonhoeffer seine Vorlesungen[15] und nimmt bei ihm an Seminaren teil.

Seit dem Umzug in die Marienburger Allee waren Adolph von Harnack und Bonhoeffers gewissermaßen „Nachbarn" und Dietrich mag den berühmten Professor gewiss schon als Schüler bewundert haben. Kommilitonen berichten von Bonhoeffers Können und Wissen, aber auch davon, dass er es wagt, dem Professor sachlich–fachlich zu widersprechen und sich dabei auf die Theologie von Karl Barth beruft.[16] Damit ist bereits darauf hingewiesen, dass sich während Bonhoeffers Studienzeit ein Umbruch im theologischen Denken vollzieht hin zur sogenannten Dialektischen Theologie, die nach dem Ersten

Weltkrieg ihren Anfang nahm und zu deren Hauptvertretern Barth, Gogarten u. a. zählen. Sie beeinflusst auch Bonhoeffer zunehmend und wird sein theologisches Denken prägen.

In seiner Dissertation wendet sich Bonhoeffer wieder dem Thema „Kirche" zu. Er gibt ihr den Titel „Sanctorum communio. Eine dogmatische Untersuchung zur Soziologie der Kirche"[17] In ihr geht es ihm um das Verhältnis von einzelnem Gläubigen, Gemeinschaft der Glaubenden und Gott. Cornelius Bormann merkt zu recht an, dass das Thema der Doktorarbeit „auch als Selbstreflektion über die eigene Lebenssituation"[18] zu sehen ist. Als Herausgeber von DBW 1 schreibt Joachim von Soosten sicher zutreffend: „Das Thema der Doktorarbeit wird aus den Nachwirkungen des Romaufenthaltes herausgewachsen, an der Berliner Fakultät gereift und durch die Unruhe des theologischen Umbruchs forciert worden sein."[19]

Bonhoeffer geht von der in der Soziologie bereits von Ferdinand Tönnies entwickelten Unterscheidung zwischen Gemeinschaft und Gesellschaft aus. Dabei kommt nur der Gemeinschaft ein dauerhaft echtes Zusammenleben zu, während Gesellschaft zeitlich und vom Zweck begrenzt ist. Diese Unterscheidung bezieht Bonhoeffer auf die Kirche und erläutert, warum „nur eine Gemeinschaft ‚Kirche' werden kann und soll, nie aber eine Gesellschaft."[20] Der Gemeinschaft schreibt er personalen Charakter zu, nämlich den einer Kollektivperson.

Person definiert sich nach ihm nicht bereits durch Individualität und Befähigung zu vernunftgemäßer Selbstbestimmung, sondern Person entsteht überhaupt erst in der Ich – Du Beziehung. „Um der Einzelne sein zu können, müssen vielmehr wesensnotwendig ‚andere' da sein."[21] Bonhoeffers Personbegriff ist somit relational bestimmt. Sodann geht es ihm darum, diesen Personbegriff auf die Gemeinschaft anzuwenden. „Wir behaupten, daß die Gemeinschaft als Kollektivperson aufgefaßt werden kann, mit derselben Struktur wie die Einzelperson."[22] Es gibt neben der Einzelperson folglich eine Kollektivperson. Sie ist nicht etwa die Summe Einzelner, sondern ihr kommt als Kollektivperson eigene Qualität zu. Das gilt entsprechend für die Kirche. Das für den Personbegriff konstitutive Ich – Du – Verhältnis besteht nicht nur zwischen Mensch und Mitmensch, sondern auch zwischen Mensch und Gott. Erst in dieser Relation ist der Mensch vor Gott Person, ist die Beziehung Gott – Mensch personal. Das trifft in vollem Umfang auch auf den Begriff der Kollektivperson zu. Sie ist daher nicht nur soziologisch, sondern auch gerade theologisch zu definieren. Bonhoeffer sieht, dass im Begriff der Kirche zwei Gedankenreihen aufeinanderstoßen, „daß sie von Gott gestiftet und daß sie doch empirische Gemeinschaft wie jede andere auch ist."[23]

Damit stellt sich die Frage nach der ethischen Qualität sowohl der Einzelperson als auch der Kollektivperson. Ist die Kollektivperson genauso wie die Einzelperson ethisch verantwortlich? Gibt es nur das Schuldigwerden der Einzelperson oder auch ein Schuldigwerden der Kollektivperson? Bonhoeffer bezieht sich hierfür auf den israelitischen Begriff des Volkes Gottes. Der Anruf Gottes gilt nicht nur dem Einzelnen Glied des Gottesvolkes, sondern der Gemeinschaft des Volkes Gottes als Kollektivperson. „Es gibt einen Willen Gottes mit dem Volk genauso wie mit dem Einzelnen."[24] *„Und in diesem Sinne hat Gott seinen Willen auch mit der Kirche.* Es gibt nicht nur eine Schuld der einzelnen Christen…, sondern es gibt eine Schuld…der Kirche."[25] Sie ist ethische Kollektivperson.

Ein weiterer Aspekt der communio sanctorum ist, dass in ihr Christus gegenwärtig ist. Alle, die nach Christi irdischem Tod leben, können ihm nur in der Kirche begegnen. Bonhoeffer hat das auf die vielzitierte Formulierung „Christus als Gemeinde existierend" gebracht. „Es ist nicht möglich, dass die christliche Gemeinde sich versammelt, ohne sich als Einheit vor Gott zu stellen, ohne die von Gott gestiftete, überanschauliche Geisteinheit der Kirche – ‚Christus als Gemeinde existierend' – glaubensmäßig zu bestätigen."[26]

Christus als Gemeinde existierend, also Kirche, entsteht dort, wo das Wort Gottes gepredigt wird. „Es ist das Wunder der göttlichen Verheißung, daß dort, wo Wort Gottes gepredigt wird, dasselbe sich selbsttätig eine Gemeinde schafft.“[27]

Bonhoeffer bewegt in seiner Dissertation die Frage, was wirkliche lebendige Kirche ist. In seiner Antwort knüpft er sie als einzige Bedingung an die Predigt des Wortes Gottes. Seine Verkündigung schafft sich Kirche. Damit drängt sich die Frage nach der Bewertung der historisch gewachsenen und empirisch vorhandenen Kirchen und christlichen Sekten auf. Bonhoeffer lehnt alle Ausgrenzungen ab. Ausdrücklich haben für ihn weder das Bewahren einer „reinen Lehre“ noch die „einseitige Betonung glaubensmäßiger Erkenntnisse“ Einfluss auf die Zugehörigkeit zur communio sanctorum. In diesem Sinne löst sich die Frage nach Kirche, Kirchen und Sekten auf. „Auch die Sekte ist, solange sie das Wort hat, Gemeinde Christi, *ihre Gemeinschaft ist die Gemeinschaft der Heiligen.*“[28]

Der Mensch begegnet Christus in der Kirche, in der Verkündigung, im Gebet, in der Hinwendung zum Nächsten. Aber auch hier gilt: Nicht nur an den Glaubensfrüchten einzelner Christen oder der Summe der Einzelnen, sondern genauso am Handeln der Kirche als Kollektivperson der sanctorum communio ist Christus heute erfahrbar. Nicht unzutreffend sieht Heinrich Ott im Begriff der „Kollektivperson" einen strukturell wesentlichen Gedanken der Dissertation Bonhoeffers.[29]

Mit seiner Dissertation hat Bonhoeffer eine Antwort auf die Frage gegeben, was wirkliche lebendige Kirche ist. Sie ist aber weit mehr als eine akademisch Befassung mit einem theologischen Thema. „Die Denkform von ‚Sanctorum communio' hat sich auf die Weiterentwicklung und den Lebensweg von Dietrich Bonhoeffer nachhaltig ausgewirkt."[30]

Im Dezember 1927 promoviert Dietrich Bonhoeffer – nun einundzwanzig Jahre alt – mit summa cum laude, 1930 wird die Dissertation gedruckt.

SANCTORUM COMMUNIO

EINE DOGMATISCHE UNTERSUCHUNG ZUR SOZIOLOGIE DER KIRCHE

VON

Lic. DIETRICH BONHOEFFER

DIE DRUCKLEGUNG ERFOLGTE
MIT UNTERSTÜTZUNG DER NOTGEMEINSCHAFT
DER DEUTSCHEN WISSENSCHAFT

TROWITZSCH & SOHN · BERLIN UND FRANKFURT/ODER

1 9 3 0

Abb. 3: Erstauflage der Doktorarbeit 1930

1928 legt er das Erste Theologische Examen vor dem Evangelischen Konsistorium der Berlin – Brandenburgischen Provinzialkirche der Altpreußischen Union ab und da er noch nicht das

Mindestalter von 25 Jahren für die Ordination erreicht hat, geht er zunächst für ein Auslandsvikariat an die deutsche evangelische Kirchgemeinde nach Barcelona. Dort erlebt er mit seinen hohen theologischen Ambitionen zunächst erwartungsgemäß einen Praxisschock. Was in der Gemeinde von ihm erwartet wird, ist genau die Befriedigung jener religiösen Bedürfnisse gegen die er gerade noch gewettert hat.

1929 kehrt er an die Friedrich-Wilhelm-Universität Berlin als wissenschaftlicher Assistent zurück und wird dort 1930 mit der Schrift „Akt und Sein. Transzendentalphilosophie und Ontologie in der systematischen Theologie" habilitiert. Sie wird 1931 veröffentlicht. Am 31. Juli 1930 hält er seine Antrittsvorlesung als Privatdozent und legt im gleichen Jahr sein Zweites Theologisches Examen ab. Allerdings muss er bis zu seiner Ordination noch immer ein Jahr warten.

Als Stipendiat des Lutherischen Weltbundes in den USA

Mit Unterstützung des Superintendenten Max Diestel kann er für ein Studienjahr als Stipendiat an das Union Theological Seminary nach New York gehen. Diese Zeit wird für sein weiteres theologisches Denken eine tiefe Prägung hinterlassen.

Das Union Theological Seminary galt damals als das Zentrum der liberalen evangelischen Theologie in Amerika überhaupt. Dort traf Bonhoeffer mit Studenten aller Kontinente zusammen. Zunächst ist er aber sehr enttäuscht, sowohl was das theologische Niveau an der Hochschule betrifft, als auch darüber, was die Pfarrer in den Kirchen auf der Kanzel verkünden. Sein Urteil fällt hart aus. „Eine Theologie gibt es hier nicht... Es wird das Blaue vom Himmel heruntergeschwatzt ohne die geringste sachliche Begründung und ohne, daß irgendwelche Kriterien sichtbar werden. Die Studenten - durchschnittlich 25-30 Jahre alt – sind restlos ahnungslos, worum es eigentlich in der Dogmatik geht. Sie kennen nicht die einfachsten Fragestellungen."[31] So berichtet er an den Superintendenten Max Diestel. „Man kann in New York fast über alles predigen hören, nur über eines nicht... nämlich das Evangelium Christi."[32]

Allerdings scheint ihm das gemeinsame Wohnen und Leben im Seminar zu gefallen. Bald freundet er sich mit einigen Mitstudenten an, was auch auf sein theologisches Denken Einfluss nimmt. Unter diesen Kommilitonen ist Jean Lasserre, ein reformierter französischer Pfarrer aus Lyon. Zunächst begegnet er ihm mit den traditionellen Vorurteilen des deutschen Bürgertums gegenüber den Franzosen. Bald aber führen sie lange Diskussionen. Lasserre, der überzeugter Pazifist ist, öffnet Bonhoeffer eine neue und ganz andere Sicht auf den Inhalt der Bergpredigt Jesu. Aus dieser freundschaftlichen Beziehung erwächst ihm jedoch mit der Zeit die Einsicht, dass man nicht Christ und Nationalist gleichzeitig sein kann. Wenn der christliche Glaube universal ist, können zwischen den Glaubenden nicht nationale Grenzen trennend sein. Der gemeinsame Glaube sprengt alle nationalen und anderen Grenzen, die zwischen Menschen stehen. Mit Lasserre unternimmt er später von New York aus eine gemeinsame Reise nach Mexiko.[32] Erneut wirken persönliche Erfahrungen und Eindrücke verändernd auf Bonhoeffers theologisches Denken.

Abb. 4: New York, Union Theological Seminary

Eine zweite Erfahrung wird sein theologisches
Denken noch tiefer und dauerhaft prägen. In
New York macht er die Bekanntschaft schwarzer
Kommilitonen, schließt Freundschaften mit ihnen
und erlebt in Zeiten der Weltwirtschaftskrise das
schwarze Ghetto aus nächster Nähe. Er lernt die
Beziehungen zwischen den Rassen in den USA
kennen. Einmal muss er ein kleines Restaurant
verlassen, ohne bedient zu werden, weil er in
Begleitung eines Schwarzen ist. Er besucht die
Kirchen in den Slums, die Gottesdiensträume
und Hilfszentren zugleich sind. Dort wird er sen-
sibilisiert für den Gedanken der sozialen Gerech-

tigkeit als christlichem Gehorsam. Er lernt die soziale Sprengkraft des Christentums kennen und erfährt im Singen, Beten und Tanzen der Schwarzen in ihren Gottesdiensten die emotional – körperliche Dimension des Glaubens. Besonderen Eindruck hinterlassen bei ihm die Besuche in der Abyssinian Baptist Church. Hier erfährt er bei der armen und unterdrückten schwarzen Bevölkerung, dass deren Identifikation mit dem Leiden Christi enorme Kräfte für den konkreten Lebenskampf aktiviert. In einem Brief nach Deutschland schreibt er, dass nach seiner Ansicht durch die Schwarzen nicht nur eine kulturhafte Bereicherung im Hinblick auf ihre Musik geschieht, sondern von ihnen vor allem geistige und geistliche Impulse ausgehen.[34]

Bei aller Skepsis gegenüber theologischer Oberflächlichkeit am Union Theological Seminary beeindruckt Bonhoeffer die Social Gospel Theologie, wie er sie u.a. in den Lehrveranstaltungen von Reinhold Niebuhr und Harry Ward kennenlernt, die die sozial ethische Relevanz des Christentums in den Blick nehmen.[35] Dabei wird die christliche Botschaft nicht abstrakt auf ihre Relevanz zum Sozialen an sich, sondern im Blick auf die jeweils aktuellen sozialen Probleme hin befragt. Hier zeigt sich der Einfluss des amerikanischen Pragmatismus. Für Bonhoeffer ist es der Weg von der akademischen Diskussion hin in die soziale Realität. Später wird er in einem

Brief an Eberhardt Bethge es eine „Abkehr vom Phraseologischen zum Wirklichen" nennen.[36]

In seinem Studienbericht für das Kirchenbundesamt führt er dazu aus: „Der Eindruck, den ich von den heutigen Vertretern des social gospel empfangen habe, wird für mich auf lange Zeit hinaus bestimmend sein."[37]

Als Bonhoeffer mit 25 Jahren nach Berlin zurückkehrt, ist er insgesamt von drei wichtigen theologischen und existenziellen Einsichten und Positionen geprägt, die für sein weiteres theologisches und Denken und existenzielles Handeln von Bedeutung werden. Glaube und Kirche gehören zusammen. Überall, wo christliche Verkündigung geschieht, entsteht die communio sanctorum. Christlicher Glaube ist universal. Er begründet eine Gemeinschaft, die alle nationalen, rassischen, sozialen und sonstigen Grenzen durchbricht. Christlicher Glaube fordert sowohl vom einzelnen Gläubigen als auch von der Kirche als communio sanctorum in der konkreten Situation sozial verantwortliches Handeln. Der amerikanische Theologe Reggie Williams sagt unter Bezug auf Bonhoeffers Begegnung mit dem Glauben der Schwarzen und der Einsicht, dass Christus im Leiden der Ausgestoßenen und Ausgegrenzten versteckt ist, zu recht: „Bonhoeffers Identifikation mit einem Christus, der um das

Leiden in Amerika wusste, führt ihn zur Solidari-
tät mit den Ausgestoßenen und Unterdrückten in
Deutschland."[38]

Vorlesungen, Pfarramt und ökumenisches Engagement

Nach Berlin zurückgekehrt, hält er an der Friedrich-Wilhelm-Universität erneut Vorlesungen. Aus seinen Hörern geht bald ein kleiner Stamm hervor, mit denen er sich zu Diskussionsabenden und gemeinsamen Ausflügen trifft. Aber nun will er es nicht mehr allein bei der akademischen Tätigkeit belassen. Er sucht nach der Verbindung von Theorie und Praxis, Theologie und Seelsorge.

Am 15. November 1931 wird er an der St. Matthäuskirche in Berlin – Tiergarten zum Pfarrer ordiniert. In seiner Gemeinde erwirbt er sich bald den Ruf eines guten Predigers. Im Herbst desselben Jahres übernimmt er zugleich eine Konfirmandengruppe unter sozial schwierigsten Verhältnissen in der Zionsgemeinde in Berlin – Mitte. Hier hat er die Gelegenheit mit der Jungengruppe neue Formen sozialen Lernens zu erproben, in denen der Erfahrung der Gemeinschaft eine besondere Bedeutung zukommt. So fährt er beispielsweise gemeinsam mit den Jungen in das elterliche Ferienhaus nach Friedrichsbrunn im Harz, unternimmt mit ihnen Ausflüge, lädt sie zu sich nachhause ein und besucht deren Eltern. Auf diese Weise entsteht zwischen Pfarrer und

Konfirmandengruppe ein persönliches Verhältnis. Vor der Konfirmation beschafft er mit Hilfe des Geldes seiner Eltern Stoff und lässt den Jungen Anzüge nähen.

Schon bald nach seiner Rückkehr nach Deutschland engagiert sich Bonhoeffer auch in der ökumenischen Arbeit. Im September 1931 nimmt er als Jugenddelegierter an der Tagung des „Weltbundes für internationale Freundschaftsarbeit der Kirchen" in Cambridge teil, wird dort zu einem der Jugendsekretäre des Weltbundes gewählt und arbeitet bald leitend für die Mittelstelle für ökumenische Jugendarbeit.[39] Sein Engagement für die Ökumene führt ihn zu zahlreichen Treffen und Kongressen im Ausland, wobei er vielfältige Kontakte knüpft.

Besondere Aufmerksamkeit zieht er durch einen Vortrag auf der internationalen Jugendfriedenskonferenz in Ciernohorskié Kupéle im Juli 1932 auf sich, den er in Vertretung des erkrankten Superintendenten Max Diestel hält. In ihm befasst er sich mit der theologischen Begründung der Arbeit des Weltbundes. Seine Sorge ist, dass bei einer Konzentration auf die ökumenische Praxis übersehen wird, dass die ökumenische Bewegung als Selbstverständnis einer weltumspannenden ökumenischen Kirche eine theologische Grundlegung braucht. Das Gefühl der Zusammengehörigkeit, des Verständnisses und der Freundschaft reichen als Grundlage nicht aus. Erst in einer theologischen Grundlegung wird die ökumenische Bewegung als ein neues Selbstverständnis der Kirche legitimiert.

Kirche muss der Welt sowohl das Evangelium und als auch den Willen Gottes verkünden. In seiner Überlegung geht davon aus, dass in der Kirche Christus gegenwärtig ist und darum ihr Wort Vollmacht hat. Dieses ist zugleich Evangelium und Gebot. Beides spricht die Kirche mit derselben Vollmacht aus. Dabei bedarf es nach seiner Auffassung beim Gebot der inhaltlichen Konkretisierung. Denn sowohl das Evangelium wie das Gebot werden nur mit Vollmacht verkündet, wo es konkret geschieht. Die Botschaft des Evangeliums „deine Sünden sind dir vergeben" wird konkret im Menschen, der diese Botschaft hörend und glaubend annimmt. Die Konkretisierung des Gebotes muss durch den Verkündenden also die Kirche geschehen. So darf sich die Kirche nicht darauf beschränken, allgemeine Prinzipien zu verkünden und deren Anwendung dem Einzelnen zu überlassen. Sie muss das Gebot so verkünden, dass es konkretes Wort Gottes ist. So soll die Kirche z.B. im Kriegsfall nicht sagen, eigentlich solle es keinen Krieg geben, sondern: Geh nicht in diesen Krieg. Nur ein konkretes Gebot ist ein Gebot. Dabei will Bonhoeffer keinesfalls eine Unfehlbarkeit der Kirche bei der Verkündigung von ethischen Geboten behaupten. Ausdrücklich betont er, dass Kirche bei solch konkretem Gebieten irren und damit sündigen kann. Weshalb darf sie es dann aber trotzdem wagen? Sie darf es wagen im Glauben daran, dass auch ihr das Wort von der Sündenvergebung gilt. So ist für ihn die Verkündigung der Sündenvergebung die Bedingung konkreten Gebietens. „Die Verkündigung des Gebotes erfährt die Sicherung seiner Gültigkeit durch die Verkündigung der Sündenvergebung."[40] Adressat dieser Verkündigung durch die Kirche, die im Weltbund zusammenkommt, ist zunächst unmittelbar die Christenheit. Aber sie richtet ihr Wort auch an die Welt. Da das Revier der Kirche die ganze Welt ist, spricht sie dieses Wort auch zu ihr, damit sie auf das kritische Wort der Kirche aufmerksam werde.

Zeit des Nationalsozialismus bis 1937

Am 30. Januar 1933 wird Adolf Hitler zum Reichskanzler ernannt. Schon seit längerem hat sich Bonhoeffer mit der Problematik von Führung, Vorbild und Verantwortung in der jungen Generation auseinandergesetzt. Führung ist für die junge Generation wichtig. Ihr Ziel muss aber sein, die Jungen Menschen zu eigenverantwortlichem Handeln zu führen. Auf keinen Fall darf der Führer sich selbst zum Idol erheben. Seine Überlegungen fasst er in einem Vortrag „Der Führer und der Einzelne in der jungen Generation zusammen", der am 1. Februar 1933 als zweite Sendung einer sechsteiligen Reihe „Die junge Generation" im Rundfunk gesendet wird. In seinem Vortrag warnt er – ohne Hitler namentlich zu nennen – vor der Gefahr, dass der Führer zum Verführer wird.[41] Wegen Überlänge wurde der Vortrag vorzeitig abgebrochen.

Teile der evangelischen Kirche identifizieren sich schon einige Zeit mit der NS – Ideologie. 1932 war die Glaubensbewegung „Deutsche Christen" gegründet worden, mit dem Ziel, nationale Ideen in die Kirche einzubringen. Dazu gehört auch die antisemitische Ausrichtung. Bald kommt der Wunsch nach einer am Führerprinzip ausgerichteten Reichskirche auf.

Relevant wird die „Judenfrage" in der Kirche durch das Vorhaben der Reichsregierung, den Arierparagraphen auch in der Kirche einzuführen. Wenn das geschieht, müssten alle Pfarrer jüdischer Abstammung aus dem Dienst entlassen werden.

Bonhoeffers Empörung entspringt sowohl grundsätzlicher Überzeugung als auch persönlicher Betroffenheit im Kreis von Freunden und Verwandten. Er sieht, dass sich der Staat mit einem solchen Vorhaben in eine fundamentale kirchliche Angelegenheit einmischt, in der es um den Wesenskern von Kirche geht. Im Juni 1933 erscheint sein Aufsatz „Die Kirche vor der Judenfrage" im Druck. Ausgehend vom lutherschen Obrigkeitsverständnis stellt er fest, dass die Kirche dem Staat in politische Fragen nicht hineinreden dürfe. Aber sie müsse ihn an die Grenzen seines Handelns erinnern. Im konkreten Fall der „Judenfrage" sieht er drei Möglichkeiten. Erstens muss die Kirche den Staat nach der Legitimation seines Handelns fragen,   d. h. sie muss den Staat für sein Handeln verantwortlich machen. Zweitens hat die Kirche die Pflicht, den Opfern des ungerechten Staatshandelns zu helfen. Dazu ist sie in unentschuldbarer Weise verpflichtet. Das gilt auch dann, wenn es sich bei diesen Opfern nicht um Christen handelt. Drittens soll Kirche den Opfern ungerechten staatlichen Handelns nicht nur helfen, sondern sie muss dem

Rad selbst in die Speichen fallen.[42]   Zurecht weist Christiane Tietz darauf hin, dass sich neuerdings in der Diskussion die Stimmen mehren, die Zweifel daran hegen, dass bereits zu diesem Zeitpunkt Bonhoeffer damit eine Bereitschafft zu einem gewaltsamen Widerstand gegen das NS – Regime andeutet.[43]

Am 23. Juli 1933 sind Kirchenwahlen. Die Deutschen Christen treten mit der Parole „Baut die neue Kirche Christi im neuen Staat Adolf Hitlers" an. Diejenigen, denen diese „Gleichschaltung" von NS – Staat und Kirche zu weit geht, finden sich auf der Wahlliste „Evangelium und Kirche" zusammen. Ihnen geht es nicht um die Ablehnung der Politik Hitlers, sondern um die Zurückweisung deutsch – christlicher Irrlehren. Im Übrigen betonen sie, in Liebe und Gehorsam zum Staat zu stehen. Bonhoeffer ist wütend über diese Haltung. Nach seiner Auffassung ist das eine Kapitulation der Kirche vor der NS – Politik. Damit steht er allerdings auch innerhalb der kirchlichen Opposition fast allein. Bei den Kirchenwahlen erhalten die Deutschen Christen 70% der Stimmen.

Im September 1933 wird durch Synodenbeschluss auch in der Kirche der Altpreußischen Union, der Bonhoeffer angehört, der Arierparagraph eingeführt. In einem Brief an Karl Barth schreibt er, dass für ihn damit der status confessionis zweifelsfrei eingetreten sei, d. h. dass die

Kirche nicht mehr Kirche Christi sei.[44] In seiner Antwort stimmt Barth ihm zwar grundsätzlich zu, sieht aber einen möglichen „Kirchenaustritt" nur als ultima ratio.[45]

Im September 1933 gehört Bonhoeffer neben Martin Niemöller und anderen zu den Begründern des Pfarrernotbundes, der den vom Arierparagraphen betroffenen Amtsbrüdern Hilfe gewähren und Öffentlichkeitsarbeit gegen die Deutschen Christen betreiben will.

In der gegenwärtigen Kirche, die seiner Überzeugung nach Jesus Christus verrät, will er nicht bleiben. Im Oktober 1933 übernimmt er daher ein Auslandspfarramt für zwei deutsche Gemeinden in London. Er hält aber auch von England aus engen Kontakt nach Deutschland und versucht, auf das Geschehen in der Heimat Einfluss zu nehmen. In dem anglikanischen Bischof George Bell findet er bald einen väterlichen Vertrauten. Dieser ist bereit, einen ökumenischen Hirtenbrief zu verfassen, in dem er der deutschen Regierung alles vorwirft, was mit dem christlichen Glauben nicht vereinbar ist, und der am 10. Mai 1934 öffentlich verlesen wird.

Abb. 5: Bonhoeffers Londoner Kirche in Sydenham

Entscheidend für die kirchliche Entwicklung in Deutschland wird die erste Bekenntnissynode der Evangelischen Kirche Ende Mai 1934 in Wuppertal – Barmen mit der Verabschiedung der Barmer Theologischen Erklärung. Sie gilt als Gründung der „Bekennenden Kirche". Bonhoeffer verfolgt diese Entwicklung genau. Da das nationalsozialistische Deutschland internationale Gremien wie den Völkerbund verlassen hat, hält er internationale Kontakte und Begegnungen auf kirchlicher Ebene für noch wichtiger. Allerdings ist es nach der klaren Verurteilung der Irrlehren der Deutschen Christen in Barmen in seinen Augen unmöglich, sich mit ihnen bei ökumenischen Tagungen an einen Tisch zu setzen, weil die Deutsche Evangelische Reichskirche Christus verraten hat und nicht mehr wirkliche Kirche ist.

Im August 1934 ist im dänischen Fanö eine gemeinsame Tagung des Weltbundes und des Ökumenischen Rates für praktisches Christentum geplant. Bonhoeffer setzt sich dafür ein, dass Vertreter der Bekennenden Kirche dazu eingeladen werden, um deutlich zu machen, dass sie die einzige rechtmäßige evangelische Kirche in Deutschland ist. Gleichzeitig fordert er von der Tagung den Beschluss einer Resolution, „daß die Entscheidung vor der Tür steht: Nationalsozialist *oder* Christ."[46] Er will unbedingt deutlich machen, dass christlicher Glaube und Nationalsozialismus unvereinbar sind. Allerdings wird seinen Forderungen nur in geringem Umfang gefolgt. Im Ergebnis werden zwei Vertreter der Bekenntnissynode nach Fanö als Gäste eingeladen und die verabschiedete Resolution kritisiert zwar die Kirchenpolitik der deutschen Regierung, aber gleichzeitig wird gesagt, dass man mit allen Gruppen der Deutschen Evangelischen Kirche, also auch den Deutschen Christen, in Kontakt bleiben will.

Bonhoeffer selbst hält in Fanö einen Einleitungsvortrag. Darin betont er die Bedeutung der kirchlichen Ökumene für die Welt und für den

Frieden. Kirche, so erläutert er, sprengt den nationalen und politischen Kontext. „Brüder in Christus gehorchen seinem Wort... Sie können nicht die Waffen aufeinander richten, weil sie wissen, daß sie damit die Waffen auf Christus selbst richten."[47] Der Weg zum Frieden führt nach Bonhoeffer aber nicht über das Streben nach Sicherheit, weil der, der Sicherheit sucht, dem anderen misstraut. Frieden ist demgegenüber immer ein Wagnis, das darin besteht, sich ganz dem Gebot Gottes auszuliefern. Hier haben die Kirchen nach seiner Auffassung eine wichtige Aufgabe und Pflicht. Sie sind die einzige Institution, die wirksam für die Bewahrung des Friedens auftreten kann. „Nur das *Eine große ökumenische Konzil der Kirche Christi* kann es so sagen, daß die Welt zähneknirschend das Wort vom Frieden vernehmen muß und daß die Völker froh werden, weil die Kirche Christi ihren Söhnen im Namen Christi die Waffen aus der Hand nimmt und ihnen den Krieg verbietet."[48]

In Deutschland formiert sich die Bekennende Kirche weiter und schafft sich im Oktober 1934 auf der Zweiten Bekenntnissynode ein eigenes kirchliches Recht und eigene Leitungsorgane. Bonhoeffers Londoner Gemeinden schließen sich wie auch andere offiziell der Bekennenden Kirche an.

Vom Bruderrat der Bekennenden Kirche wird er gebeten, Direktor eines der neu zu gründenden Predigerseminare der Bekennenden Kirche zu werden. So kehrt er im April 1935 nach Deutschland zurück. Hier wird er mit der Leitung des Predigerseminars in Pommern beauftragt. Die Kurse sind jeweils halbjährig angelegt. Die Zahl der Teilnehmer beträgt 20 bis 25. Eberhard Bethge, sein späterer Freund und Biograph, und Albrecht Schönherr, später in der DDR Bischof von Berlin – Brandenburg und Vorsitzender des Bundes Evangelischer Kirchen in der DDR, gehören zum ersten Kurs. Dieser beginnt Ende April 1935 in dem auf der Halbinsel Zingst gelegenen Zingsthof, einem Freizeitheim der Schülerbibelarbeit. Im Sommer 1935 zieht man nach Finkenwalde bei Stettin in ein ehemaliges Gutshaus um.

Die Verbindung von Leben und Lehre, die für Bonhoeffer schon immer eine große Bedeutung hat, gewinnt nun eine neue Qualität. Der Tagesablauf ist streng geregelt. Neben theologischen Vorlesungen und Seminaren gibt es feste Zeiten für gemeinsame Andachten am Morgen und Abend, Schriftmeditation und gemeinsames Singen geistlicher Lieder. Viel Wert legt Bonhoeffer auf die Erfahrung des gemeinschaftlichen Lebens. Die künftigen Vikare sollen nicht nur theologisch auf ihre Tätigkeit vorbereitet werden,

sondern spirituell für das Leben in Nazideutsch-
land gewappnet sein und durch eine brüderliche
Gemeinschaft getragen werden, die auch nach
Aufnahme der Tätigkeit in der Gemeinde fortbe-
steht. Zutreffend betonen die Herausgeber der
Tagebücher und Dokumente aus dieser Zeit:
„Einmal begonnene Gemeinschaft sollte über
das Ende des Kurses hinausreichen."[49]

Abb. 6: Kapelle in Finkenwalde

Die Arbeit in den Predigerseminaren der Bekennenden Kirche wird weder vom NS – Staat

noch von der Reichskirche duldend hingenommen. Der Staat mischt sich ein, indem er im Ministerium eine Beschlussstelle schafft, vor der innerkirchliche Streitsachen verhandelt werden müssen. Es werden Kirchenausschüsse eingesetzt, die die Bekennende Kirche zur Zusammenarbeit mit der Reichskirche zwingen sollen. Bonhoeffer beteiligt sich aktiv an der Abwehr solcher Einmischung und hält die Bereitschaft einiger in der Bekennenden Kirche, einen Kompromiss einzugehen und in diesen vom Staat geschaffenen Strukturen mitzuarbeiten für falsch. Er widerspricht dem Versuch, die Bekennende Kirche als eine „Glaubensbewegung" innerhalb der Reichskirche darzustellen. Im Gegenteil: „Die Reichskirchenregierung hat sich von der christlichen Kirche geschieden. Die Bekennende Kirche ist die wahre Kirche Jesu Christi in Deutschland."[50] Bonhoeffers Haltung ist unnachgiebig und rigoros. Er fordert auch in der Ökumene einen „Alleinvertretungsanspruch" der Bekennenden Kirche. Sie müsse darauf bestehen, „daß der kirchliche Gesprächspartner nicht zugleich mit ihr und mit den von ihr verworfenen Kirchen der Irrlehre das Gespräch aufnimmt, ja daß auch für den ökumenischen Gesprächspartner dort das Gespräch endgültig abgebrochen ist,…"[51]

Zu den gegen Bonhoeffer persönlich gerichteten Repressalien gehört, dass ihm am 5. August 1936 die Lehrerlaubnis als Privatdozent an der

Berliner Universität entzogen wird. Ein Jahr später, am 29. August 1937 werden die Predigerseminare der Bekennenden Kirche verboten. Das Seminar in Finkenwalde wird am 28. September 1937 von der Gestapo versiegelt.

Beginn der Arbeit in der Illegalität

Eine eigene Ausbildung von Vikaren durch die Bekennende Kirche war nun ausdrücklich untersagt. Bonhoeffer ist aber nicht der Mann, der bei Schwierigkeiten aufgibt. Er bildet weiter Vikare für die Bekennende Kirche aus. Dazu wird die Form des „Sammelvikariats" gefunden. Sie besteht darin, dass die Kandidaten offiziell als „Lehrvikare" bei Pastoren, die zur Bekennenden Kirche gehören, gemeldet sind. Die Kandidaten helfen in den Gemeinden, leben aber ähnlich wie im Finkenwalder Seminar gemeinschaftlich in einem Pfarrhaus, was selbstverständlich geheim bleiben muss. Auf diese Weise wird ab Dezember 1937 die Ausbildung in zwei Pfarrhäusern in Groß – Schlönwitz und in Köslin in Hinterpommern eingerichtet. Die beiden zuständigen Superintendenten geben ihre Zustimmung. In den beiden Pfarrhäusern wohnen fünf bis neun „Lehrvikare". Bonhoeffer selbst wird zum Schein in Schlawe als „Hilfsprediger" angestellt.

Bonhoeffer ist sich der möglichen Folgen seines Handelns durchaus bewusst. Werden doch in der letzten Zeit Verhaftungen von Pfarrern beider Konfessionen häufiger. Am 1. Juli 1937 ist sogar Martin Niemöller, einer der prominentesten Vertreter der Bekennenden Kirche, verhaftet worden. Vor diesem Hintergrund schreibt Bonho-effer im November 1937 an seinen Bruder Karl – Friedrich: „Es tut mir immer leid, wenn Mama so beunruhigt ist und andere in diese Unruhe hineinzieht. Es liegt aber tatsächlich gar kein Grund dafür vor. Daß es mir durch den Erlaß von Himmler einmal ebenso gehen kann, wie es bereits Hunderten ergangen ist, *darf* uns wirklich nicht beunruhigen. Die Sache der Kirche können wir nicht durchhalten ohne Opfer."[52]

Wichtig ist ihm bei den Sammelvikariaten wieder das gemeinsame Leben in spiritueller Gemeinschaft. Der Tagesablauf ist genau geregelt. Dazu gehören sowohl gemeinschaftliche Elemente als auch das Alleinsein. So beginnt der Tag mit dem Gottesdienst, bei dem sich die Hausgemeinschaft zu Lob, Dank, Schriftlesung und Gebet versammelt.[53] Genauso wird der Abend mit einem gemeinsamen Gebet abgeschlossen. Für die Gemeinschaft hebt er auch die Bedeutung der Beichte hervor. Sie ist „Durchbruch zur Gemeinschaft". Die Sünde ist eine zerstörerische Macht. „Im Dunkel des Lebens unausgesprochen vergiftet sie das ganze Wesen des Menschen."[54] Weiterer wichtiger Punkt ist die Fürbitte füreinander. „Eine christliche Gemeinschaft lebt aus der Fürbitte füreinander, oder sie geht zugrunde."[55] Ebenso wichtig ist aber auch die Fähigkeit zum rechten Alleinsein. In der täglichen stillen Meditationszeit geht es nicht um

Selbstbeobachtung, sondern nach dem Hören des Bibelwortes soll sich jeder dem Text aussetzen und still warten, was der biblische Text ihm sagt.

Bei allem geht es Bonhoeffer nicht nur um praktische Hilfen für die ihm anvertrauten Vikare, die sich in einer Ausnahmesituation auf die Übernahme des Pfarramtes vorbereiten und dann in ihren Gemeinden darin bestehen müssen. Vielmehr sind es spirituelle eigene Erfahrungen und theologische Überlegungen, die in seine Tätigkeit einfließen und in ihr neue Impulse und Nahrung erhalten. Schon in seiner Londoner Zeit denkt er vertieft über die Bergpredigt und über ihre Auswirkungen auf ein konsequentes Leben nach. Ende 1937 erscheint sein Buch „Nachfolge". Vieles fließt in das Lehren und Leben im Predigerseminar und mit den „Lehrvikaren" ein.

Aus Anlass des 50. Geburtstages von Adolf Hitler am 20. April 1938 werden alle Pfarrer auch in der Kirche der Altpreußischen Union aufgefordert, auf den Führer einen Treueid abzulegen. Wer den Eid nicht leistet, soll entlassen werden. Innerhalb der Bekennenden Kirche herrscht unter den Pfarrern keine Einigkeit, wie man sich verhalten soll. Man ist sich uneins, ob es sich um eine staatliche Forderung handelt oder eine kirchliche, der unrechtmäßigen Kirchenleitung, die man nicht anerkennt. In der Annahme, dass es sich um eine staatliche Forderung handelt, beschließt die 6. Bekenntnissynode, den Eid abzulegen. Erst später stellt sich heraus, dass das NS-Regime ihn als kirchliche Angelegenheit sieht. Obwohl Bonhoeffer als nicht fest angestellter Pfarrer von dieser Regelung nicht betroffen ist, protestiert scharf, weil die Synode damit gegen die Achtung der Gewissensfreiheit des Einzelnen verstoße. Entsprechend trifft es ihn persönlich hart, als er sieht, dass überall in Deutschland die große Mehrheit der Pfarrer, auch solche der Bekennenden Kirche, den verlangten Eid ablegen. Auch innerhalb der Bekennenden Kirche wird er immer isolierter.

Ausweg Exil ?

Ab November 1938 müssen sich alle Männer im wehrfähigen Alter in das „Wehrstammblatt" eintragen lassen. Das für Bonhoeffer zuständige Amt ist Schlawe. Diesem ist jeder Ortswechsel, jede längere Abwesenheit und vor allem jede Auslandreise anzuzeigen. Außerdem muss er nun jederzeit damit rechnen, dass ihm die „Musterung" und Einberufung zum Militärdienst droht. Obwohl er sich entschieden hat, niemals in Hitlers Wehrmacht zu dienen, lastet doch schwer auf ihm, welche Auswirkungen sein Entschluss hätte. Andererseits würde ihm nur die Möglichkeit bleiben, Deutschland zu verlassen, um sein Leben und seine Familie nicht in Gefahr zu bringen.

So ist der Beginn des Jahres 1939 von großer innerer Zerrissenheit geprägt. Das Wehrmeldeamt in Schlawe wird von einem Major von Kleist geleitet. Mit Hilfe von Freunden aus der Familie der Kleists gelingt es, dass Bonhoeffer die Erlaubnis zu einer Reise nach England zum Besuch seiner Zwillingsschwester Sabine erhält, die mit ihren Kindern und ihrem Mann Gerhard Leibholz, der als „Nichtarier" immer stärkeren Repressalien ausgesetzt war, Deutschland 1938 verlassen hatte. Dort trifft er sich auch mit Bischof George Bell, um die aktuelle kirchliche Entwicklung zu besprechen aber vor allem auch in seiner persönlichen Lage dessen Rat zu suchen. Schon im Vorfeld hat er an ihn geschrieben. „Ich denke daran, Deutschland eine Zeitlang zu verlassen. Der Hauptgrund ist die allgemeine Wehrpflicht, zu der Männer meines Alters (1906) dieses Jahr einberufen werden... Vielleicht das schlimmste von allem ist der militärische Eid, den ich schwören müsste...“[56] Bischof Bell, der im Vorjahr Mitglied des englischen Oberhauses geworden war und bereits Bonhoeffers Schwager geholfen hatte, beruflich in England Fuß zu fassen, hat großes Verständnis für die schwierige Situation und befürwortet den Gedanken, Deutschland zu verlassen. Im Anschluss trifft sich Bonhoeffer mit seinem ehemaligen Lehrer am Union Theological Seminary, Reinhold Niebuhr, der sofort Kontakt mit dem Federal Council of Churches aufnimmt, mit dem Ziel, dass er in den USA zunächst in der akademischen Lehre arbeiten kann.

Dank der Beziehungen seines Vaters erhält er die Erlaubnis zu einer Reise in die USA. So gibt er Ende Mai 1939 seine Tätigkeit für die illegalen Sammelvikariate auf und verlässt am 2. Juni 1939 Deutschland. Nach seiner Ankunft in New York versucht er, sich dort einzurichten und die Zukunft zu planen. Allerdings werden die Zweifel, ob der Schritt, Deutschland zu verlassen, für ihn richtig ist, bleiben. Persönlich würde ihm bei der immer deutlicher werdenden Kriegsgefahr eine Wehrdienstverweigerung mit der Folge sein Leben zu verlieren erspart bleiben. Andererseits kommt es ihm wie eine Flucht vor, während sein Dienst in der Kirche gebraucht wird. Am 17. Juni 1939 fragt er bei Paul Lehmann an „Glauben Sie, daß sich bis Oktober noch einige Vorlesungen (mit salary, denn ich habe ja kein Geld hier!) an anderen Universitäten einrichten lassen?"[57] Aber es bleiben die Zweifel, ob der Schritt ins Exil richtig ist. Verstärkt werden diese inneren Zweifel durch äußere Umstände. Er vermisst die Heimat und wartet täglich auf Post von den Eltern. Wie bei seinem ersten Aufenthalt in den USA empört ihn, dass von den Kanzeln über alles Mögliche gepredigt wird nur nicht das Evangelium Jesu Christi. Reinhold Niebuhr selbst ist in dieser Zeit nicht in New York. Bonhoeffer fühlt sich allein. Dabei geben sich seine Freunde alle Mühe, ihm zu helfen. Sie besorgen ihm eine Tätigkeit in der Flüchtlingsarbeit mit christlichen Emigranten. Am 20. Juni 1939 führt er dazu mit Henry Smith Leiper, dem Exekutivsekretär des Federal Council of Churches ein Gespräch. Schon tags zuvor hatte er diesem in einem Brief angedeutet, dass er das Angebot wohl nicht werde annehmen können, was er dann auch tut. Er selbst spricht davon, dass damit wohl die Entscheidung getroffen sei, aber auch davon, dass in ihm noch immer eine große innere Unklarheit bestehe.[58] Am 26. Juni 1939 liest er zufällig 2 Tim 4, 21 "Komme noch vor dem Winter." Das Wort beschäftigt ihn den ganzen Tag, als sei es zu ihm gesagt. Am 28. Juni 1939 findet sich im Tagebuch seiner Amerikareise der Satz: „Ich kann mir nicht denken, daß es Gottes Wille ist, daß ich ohne besondere Aufgabe im Kriegsfall hier bleiben soll. Ich muß am erstmöglichen Termin reisen."[59] Gegenüber seinen amerikanischen Freunden, die sich in den wenigen bisher vergangenen Tagen sehr bemüht haben, für ihn eine Grundlage für einen Verbleib im vor Verfolgung sicheren Amerika zu schaffen und von seiner Entscheidung überrascht sind, versucht er die Situation als ein Missverständnis darzustellen. So schreibt er am 30. Juni 1939 an Paul Lehmann: „Ich bringe es nur schwer über das Herz, Ihnen zu sagen, daß ich mich inzwischen habe entschließen müssen, schon in den nächsten Wochen nach Deutschland zurückzukehren. Es lag meiner Einladung hierher das Mißverständnis zugrunde, als beabsichtige ich, ganz in Amerika zu bleiben. So hat man mir hier die Fürsorge für die christlichen Refugees übertragen wollen, eine Arbeit, die mich an jeder Rückkehr nach Deutschland gehindert hätte..."[60]

Schon am 8. Juli 1939 tritt er über England die Rückreise nach Deutschland an. Dabei ist er sich

bewusst, dass diese Entscheidung unüberseh-
bare Auswirkungen für ihn haben wird. Fast ah-
nungsvoll schreibt er am letzten Tag in den USA
in sein Tagebuch: „...mindestens habe ich für
alle künftigen, persönlichen Entscheidungen
Wichtiges eingesehen. Wahrscheinlich wird sich
diese Reise sehr bei mir auswirken."[61]

Konspiration, Haft und Hinrichtung

Nach seiner Rückkehr setzt Bonhoeffer seine Tätigkeit in den Sammelvikariaten fort. Die Gründe, die ihn bewogen haben, nach den USA zu gehen, bestehen aber weiter und werden sich bald verschärfen. Mit Kriegsbeginn am 1. September 1939 wächst die Gefahr der Einberufung zur Wehrmacht. Um dieser zu entgehen, bewirbt er sich bei Heeresoberpfarrer Radtke, der natürlich zur Reichskirche gehört, am 9. September 1939 als Militärseelsorger.[62] Eine Antwort lässt auf sich warten. Schließlich erhält er am 27. Februar 1940 einen ablehnenden Bescheid.[63] Am 18. März 1940 wird der Sigurdshof bei Groß-Schlönwitz von der Geheimen Staatspolizei geschlossen[64] und den Sammelvikariaten damit die Grundlage entzogen.

Sein Schwager, Hans von Dohnanyi, war Beamter im Justizministerium. Von ihm weiß Bonhoeffer, dass er schon lange heimlich Unterlagen sammelt, die schwere Gesetzesverstöße durch die Naziregierung belegen. Dohnanyi will damit später bei einem Umsturz die Verbrechen der Nationalsozialisten nachweisen können. Am 25. August 1939 wechselt dieser seine Stellung und übernimmt eine Tätigkeit im Amt Ausland/Abwehr, dem militärischen Geheimdienst unter Leitung von Admiral Canaris im Oberkommando der Wehrmacht bei Oberst Hans Oster, die heimlich an Umsturzplänen arbeiten. So bekommt Bonhoeffer durch seinen Schwager Kontakt zu der Gruppe, die heute als militärischer Widerstand bezeichnet wird.[65]

Hans von Dohnanyi will ihm dadurch helfen, nicht zur Wehrmacht einberufen zu werden und die Weigerung mit dem Leben bezahlen zu müssen. In der Tat wird er am 5. Juni 1940 in Schlawe gemustert und als kriegsverwendungsfähig befunden. Nur mit Hilfe des Oberkommandos der Wehrmacht, für dessen Abwehr er inzwischen arbeitet, wird er unabkömmlich gestellt. Freilich ändert sich damit seine Lebenssituation. Er ist nicht mehr der Pfarrer der Bekennenden Kirche, der rigoros gegen das NS-Regime auftritt, es ist der Beginn eines „Doppellebens".

Wann genau Bonhoeffer beginnt für die Abwehr zu arbeiten, ist nicht mit Sicherheit festzustellen. Sabine Dramm fasst die unterschiedlichen Auffassungen vermutlich richtig zusammen, wenn sie für den Herbst 1939 als gesichert ansieht, dass er Kontakte zu Hans Oster unterhielt und die Möglichkeit nicht ausschließt, dass er bereits zu diesem Zeitpunkt einen Dienstpass der Abwehr hatte.[66]

Auch für die kirchliche Arbeit Bonhoeffers wird eine Lösung gefunden. Auf Beschluss des Bruderrates wird er für wissenschaftliche Tätigkeit mit dem Ziel, eine Ethik zu verfassen, freigestellt.[67]

Damit steht er weiter im Dienst der Kirche, arbeitet aber als V – Mann heimlich für die Abwehr, offiziell, um über seine kirchlichen Kontakte der Abwehr Informationen zu liefern, tatsächlich aber, um seine ökumenischen Kontakte im Ausland dafür zu nutzen, die Alliierten, besonders England, von der Existenz eines deutschen militärischen Widerstandes gegen Hitler zu überzeugen und zugleich in Erfahrung zu bringen, ob und unter welchen Umständen für den Fall der Beseitigung Hitlers die Alliierten zur Einstellung der Kriegshandlungen bereits wären.[68] Mit diesen Aufträgen reist er in die Schweiz, nach Norwegen und nach Schweden. Insbesondere bei Bischof George Bell, der Mitglied des britischen Oberhauses ist, erreicht er, dass dieser das Thema tatsächlich bei der Londoner Regierung platziert, damit aber auf entschiedene Ablehnung stößt.

Viele im In- und Ausland sind irritiert, dass der bislang als Regimegegner bekannte streitbare Pfarrer der Bekennenden Kirche Privilegien wie Freistellung vom Wehrdienst und Reisen ins neutrale Ausland genießt. Auch sein Verhalten nach außen und in der Öffentlichkeit hat sich verändert. Als Beispiel sei sein Freund Eberhard Bethge genannt. Am 17. Juni 1940 sitzt er mit ihm in einem Gartenlokal in Memel. Plötzlich ertönt aus dem Radio die Sondermeldung, dass Frankreich kapituliert hat. Die Gäste springen auf und stimmen das Deutschlandlied an. Auch Bonhoeffer steht auf und reißt den rechten Arm zum Hitlergruß hoch. Schockiert schaut Bethge ihn an. Bonhoeffer entgegnet ihm, dass jetzt die Zeit sei, sich wegen ganz anderer Dinge zu gefährden, nicht aber wegen Verweigerung dieses Grußes. Diejenigen, die ihn seit Jahren kennen, ahnen nicht, dass er sich verstellen muss. Sie sind irritiert und überrascht. Zu ihnen gehört auch Karl Barth. Als Bonhoeffer entsprechende Gerüchte erreichen, schreibt er an Barth mit dem Versuch, sich zu erklären und um Vertrauen zu werben.[69]

Die Szenarien für einen Sturz des NS-Regimes hatten sich mit der Zeit verändert. Zunächst hatten die Militärs noch an einen Umsturz mit der Gefangennahme des „Führers" und anschließendem Gerichtsprozess gedacht. Als nach dem gescheiterten Attentatsversuch Georg Elsers am 8. November 1939 im Bürgerbräukeller in München die Sicherheitsvorkehrungen um die Person Hitlers immer mehr verschärft werden, wird deutlich, dass ein Umsturz nur im Zusammenhang mit einer Tötung Adolf Hitlers denkbar ist. In Fanö hatte Bonhoeffer mit seiner Forderung nach einem ökumenischen Friedenskonzil den Eindruck erweckt, dass er zumindest dem Pazifismus zugeneigt wäre. Wie bewertet er ethisch die Tötung des Diktators? Lässt sich eine solche moralisch rechtfertigen?

Es ist verständlich, dass es hierzu keine direkten Ausführungen von ihm gibt. Alles Schriftliche in dieser Hinsicht, und sei es auch nur abstrakt und allgemein, wäre zu gefährlich gewesen.

Seine Reflexion über verantwortliches Handeln findet sich vor allem in seiner Ethik. An ihr hat er in der Zeit seiner konspirativen Tätigkeit gearbeitet. Der Schritt, sich der Konspiration anzuschließen, geht ihr voraus. Auch hier zeigt sich die enge Verflechtung von Erleben und theologischer Reflexion. Wie so oft auf seinem Lebensweg setzt er sich mit der Wirklichkeit auseinander und sucht nach Antworten auf seine Fragen. Zwar wurde seine Ethik als Buch nie fertiggestellt und existiert nur als Fragment, aber sein Freund Eberhard Bethge hat sie gerettet und herausgegeben.

Bonhoeffer konzipiert sie als Verantwortungsethik. In ihr formuliert er sein Verständnis von Verantwortung. Dabei sind für das Handeln nicht die Gesinnung oder die Beachtung allgemeiner Prinzipien allein ausschlaggebend, sondern in der konkreten Wirklichkeit muss der Einzelne über sein Handeln entscheiden. Bonhoeffer „verbindet Verantwortung mit Stellvertretung, Wirklichkeitsgemäßheit, Welt der Dinge – Sachgemäßheit-, Schuldübernahme, Gewissen und Freiheit."[70]

Sein Verantwortungsbegriff geht davon aus, dass die reale Welt von einem universalen Schuldzusammenhang geprägt ist. In seinem Handeln muss der Einzelne in der Übernahme von Verantwortung bereit sein, in diese Komplexität einzutreten.

Zunächst geht es für Bonhoeffer bei dem Begriff Verantwortung nicht um die Gestaltung der individuellen Lebensführung an sich. Eine Ethik, die von einem für sich stehenden Einzelmenschen ausgeht, der sich bei seinen Handlungen am Maßstab des Guten zu orientieren und zwischen gut und böse zu entscheiden hat, ist eine falsche Abstraktion der ethischen Lebenswirklichkeit, wie sie sowohl eine Gesetzesethik als auch die Gesinnungsethik vornimmt. Person existiert immer erst und nur in Relation zu anderen. Insofern geht es im Handeln immer um den Beitrag zur Gestaltung der geschichtlichen Gegenwart. Für Bonhoeffer ist somit Verantwortungsethik also immer Sozialethik. Weiter ist der Verantwortungsbegriff für ihn stets unter zwei Aspekten zu sehen, einmal als „Verantwortung für..." und zum anderen als „Verantwortung vor...". Letztlich ist der Mensch für sein Handeln nicht vor dem Mitmenschen oder vor der Gesellschaft sondern vor Gott verantwortlich. Insofern ist sein Verantwortungsbegriff theologisch. Diejenigen denen die Verantwortung gilt, sind die anderen Menschen, die Menschheit. Für sie, für die „geringsten Brüder", mit denen sich Christus identifiziert hat, ist der Mensch vor Gott verantwortlich. Sodann ist Verantwortung für ihn als Antwortstruktur auf die Anrede durch Gott und christozentrisch durch den Stellvertretungscharakter geprägt. Anrede Gottes meint hier die Frage nach dem Willen Gottes und das Nachdenken darüber, worin dieser in der konkreten Situation besteht. Stellvertretung meint, dass so wie Christus nicht für seine eigene Vollkommenheit gelebt hat, sondern stellvertretend für uns, es auch für den Christen bei der Verantwortung um Stellvertretung in der Hingabe des Lebens an andere geht. Schließlich ist sein Verantwortungsbegriff durch die Aspekte der Bindung und Freiheit geprägt. Dabei meint Bindung Wirklichkeitsgemäßheit als Orientierung an den konkreten Verhältnissen und Bereitschaft zur Schuldübernahme, weil auch der verantwortlich Handelnde sich vor Gott nicht als schuldlos rechtfertigen kann. Es gibt kein Gesetz hinter dem der Verantwortliche sich verstecken und sich vor Gott rechtfertigen kann, indem er sich auf die Befolgung des Gesetzes beruft. Daraus ergibt sich, dass für den Verantwortlichen Freiheit immer

Wagnis ist, weil es eben gerade keine letzte Sicherheit gibt. Er muss im freien Wagnis entscheiden. [71] „Das verantwortliche Handeln ist eben darin ein freies Wagnis, durch kein Gesetz gerechtfertigt, vielmehr in Verzicht auf jede Selbstrechtfertigung geschehend, im Verzicht eben damit auf ein letztes gültiges Wissen um Gut und Böse."[72]

Bonhoeffer kann sich eine außerordentliche Situation vorstellen, in der der Mensch in jeder denkbaren Handlungsalternative gegen das ausdrückliche Gebot Gottes (z.B. „Du sollst nicht töten") verstößt. Deswegen ist verantwortliches Handeln Verzicht auf jede Selbstrechtfertigung in einem vermeintlichen Wissen um Gut und Böse. In der Übernahme von Schuld hofft der Mensch auf Vergebung und Gnade. „Vor den Menschen rechtfertigt den Mann der freien Verantwortung die Not, vor sich selbst spricht ihn sein Gewissen frei, aber vor Gott hofft er allein auf Gnade."[73]

Eine entscheidende private Wende bringt der Sommer 1942. In Klein- Krössin trifft er auf dem Gut von Ruth von Kleist - Retzkow deren inzwischen achtzehnjährige Enkelin Maria von Wedemeyer wieder, in die er sich trotz des Altersunterschiedes verliebt. Deren Mutter besteht aber auf einem Jahr des Verzichts auf Kontakt zu ihrer Tochter. Dennoch schreibt Maria am 13. Januar 1943 an Bonhoeffer, dass sie ihn heiraten wolle.

Beide betrachten dieses Datum als Verlobungstag.

Am 5. April 1943 wird Bonhoeffer gleichzeitig mit seinem Schwager Hans von Dohnanyi verhaftet und in das Militärgefängnis nach Berlin – Tegel gebracht.

Die Bedingungen der Haft verbessern sich etwas als bekannt wird, dass General Paul von Hase, Stadtkommandant der Wehrmacht in Berlin, ein Verwandter von ihm ist. Cornelius Bormann hat in einer umfassenden Dissertation dargestellt, wie Bonhoeffer in der Imagination von Erlebtem Kraft und Halt während der Haft sucht.[74]

Abb.7: Bonhoeffer mit inhaftierten italienischen Offizieren im Wehrmachtsunterschungsgefängnis Berlin-Tegel

In den Verhören durch die Gestapo gelingt es ihm zunächst die Tätigkeit im Widerstand zu verheimlichen. Die belegbaren Vorwürfe lauten auf Wehrkraftentzug wegen unrechtmäßig erworbener uk - Stellung und Wehrkraftzersetzung. Die Verhöre gehen weiter und die Hoffnung, doch noch aus der Untersuchungshaft entlassen zu werden, wird geringer. Im Herbst 1944 schlägt die Gestapo zu. In einer Nebenstelle der deutschen Abwehr bei Zossen hat sie Dokumente gefunden, u. a. eine Denkschrift von Hans von Dohnanyi aus dem Jahr 1939, mit der er die Verbrechen des NS-Regimes belegen und die deutschen Generäle zum Putsch bewegen wollte. Aus diesen Akten gehen der Umfang und die Dauer der Verschwörung hervor. Auch Bonhoeffers Rolle ist nun der Gestapo bekannt. Die Abwehr wird aufgelöst und es setzt eine Verhaftungswelle ein, in der auch Admiral Canaris inhaftiert wird.

Am 8. Oktober 1944 wird Bonhoeffer aus Berlin – Tegel abgeholt und in das Reichssicherheitshauptamt überführt. Aus dieser Zeit gibt es kaum eine Nachricht von ihm. Sprecherlaubnis erhält niemand mehr. Nur zwei Briefe gelangen nach außen. Einer enthält das Gedicht „Von guten Mächten", das von ihm ganz persönlich an die Verlobte und die Eltern gerichtet ist.[75] Erst viel später wird es zu einem Kirchenlied. Um es in seiner ganzen Tiefe zu verstehen zu verstehen, muss man sich in den Kontext versetzen, in dem es entstanden ist. Für Bonhoeffer bezeugt es einen ungeheuren Reifungsprozess. Er ist an einem Punkt angekommen, an dem er beides bejaht – sowohl das Leben als auch das Sterben.

Von guten Mächten treu und still umgeben
behütet und getröstet wunderbar
so will ich diese Tage mit euch leben
und mit euch gehen in ein neues Jahr

noch will das alte unsre Herzen quälen
noch drückt uns böser Tage schwere Last,
ach Herr gib unsern aufgeschreckten Seelen
das Heil für das Du uns geschaffen hast.

Und reichst Du uns den schweren Kelch , den bittern,
des Leids, gefüllt bis an den höchsten Rand,
so nehmen wir ihn dankbar ohne Zittern
aus Deiner guten und geliebten Hand.

Doch willst Du uns noch einmal Freude schenken
an dieser Welt und ihrer Sonne Glanz,
dann woll'n wir des Vergangenen gedenken,
und dann gehört Dir unser Leben ganz.

Laß warm und hell die Kerzen heute flammen
die Du in unsre Dunkelheit gebracht,
führ, wenn es sein kann, wieder uns zusammen!
Wir wissen es, Dein Licht scheint in der Nacht.

Wenn sich die Stille nun tief um uns breitet
so laß uns hören jenen vollen Klang
der Welt, die unsichtbar sich um uns weitet,
all Deiner Kinder hohen Lobgesang.

Von guten Mächten wunderbar geborgen
erwarten wir getrost, was kommen mag.
Gott ist bei uns am Abend und am Morgen,
und ganz gewiß an jedem neuen Tag.

Zwischen Leben und Sterben bewegt sich seine Existenz in den nächsten Monaten auf dramatische Weise. Immer wieder gibt es Hoffnung auf Leben, aber genauso Situationen, in denen der Tod unausweichlich vor ihm steht.

Am 3. Februar 1945 wird er mit unbekanntem Ziel abtransportiert. Erst elf Tage später erfahren die Angehörigen, dass er nicht mehr in Berlin ist, ohne über seinen Aufenthaltsort informiert zu werden. Tatsächlich ist er inzwischen mit anderen Häftlingen aus der Abwehr im KZ Buchenwald. Am 3. April 1945 geht es in einem Transport Richtung Süden. Unter den Häftlingen geht das Gerücht um, es gehe nach Flossenbürg, das inzwischen als Vernichtungslager bekannt war. Doch er gelangt schließlich mit diesem Transport in eine ehemalige Schule in Schönberg bei Passau. Die Gefahr scheint gebannt. Am 8. April 1945, einem Sonntag, wird Bonhoeffer von Mithäftlingen gebeten, eine Andacht zu halten. Nach der Andacht, wird er vom Wachpersonal herausgerufen. Am 5. April 1945 war in der Mittagsbesprechung bei Hitler von diesem die Entscheidung getroffen worden, die Verschwörergruppe der Abwehr im Schnellverfahren zu liquidieren. Bonhoeffer wird nach Flossenbürg gebracht. Der SS – Richter Otto Thorbeck verurteilt Canaris, Oster, Bonhoeffer und weitere Angehörige der Abwehr zum Tod. Am Morgen des 9. April 1945 wird er zusammen mit Wilhelm Canaris, Hans Oster, Theodor Strünck, Karl Sack und Ludwig Gehre erhängt. Die Leichen werden anonym verbrannt.

Abb. 8; Wäscherei des Konzentrationslagers Flossenbürg,
Verhandlungsort des SS-Standgerichts

Zur gleichen Zeit irrt seine Verlobte Maria von Wedemeyer durch Süddeutschland, um ihm Wäsche zu bringen. Überall wird sie abgewiesen. Niemand weiß etwas von seinem Verbleib oder will nicht davon wissen.

Am 27. Juli 1945 wird im englischen Rundfunk ein Gedächtnisgottesdienst für Bonhoeffer aus London übertragen, den Bischof George Bell hält. Erst jetzt wissen seine Angehörigen, dass er nicht mehr lebt.

Bonhoeffers Bedeutung für die Gegenwart

Zunächst ist Bonhoeffers Leben und Wirken ein Glaubenszeugnis für eine christliche Existenz in einer in einer glaubensfeindlichen und unmenschlichen Zeit. Sein Mut ist nicht nur rückblickend bewundernswert. Bleibend ermutigt sein Beispiel Christen konsequent ihren Glauben zu leben und Verantwortung zu übernehmen.

Die Rezeption Bonhoeffers nach 1945 bezog sich zunächst nicht auf die wissenschaftliche Befassung mit seiner Theologie, sondern galt dem Interesse an seinem Lebensweg. Neben Respekt und Faszination gegenüber der rigorosen Ablehnung und Bekämpfung der nationalsozialistischen Ideologie und dem NS-Regime fanden sich vor allem auch in Deutschland Auffassungen, die mit seinem Gewalt einschließenden Widerstand Schwierigkeiten hatten. Seine Entscheidung wurde ähnlicher Kritik ausgesetzt wie das Handeln anderer Verschwörer des 20. Juli 1944. Seit den fünfziger Jahren setzte dann auch schrittweise eine wissenschaftliche Befassung mit seiner Theologie ein. Impulsgebend war hier das Wirken von Eberhard Bethge, der den Nachlass Bonhoeffers edierte und 1970 eine umfassende Biographie verfasste. Durch ihn wurden die Texte Bonhoeffers allgemein bekannt. Eine

Darstellung der Theologie Bonhoeffers brachte die Dissertation von Ernst Feil, die bis heute als Standartwerk gilt.

Es darf jedoch nicht übersehen werden, dass sich das gesamte Leben, Denken und Handeln Bonhoeffers in der ersten Hälfte des 20. Jahrhunderts abspielte. Seine Überlegungen und Einsichten beziehen sich auf die damalige konkrete gesellschaftliche und geistige Situation. Sie sind daher selbstverständlich nicht einfach auf unsere Zeit und Situation übertragbar. Trotzdem müssen wir uns nicht einfach mit einem biographischen und theologiegeschichtlichen Rückblick begnügen. Wir können durchaus fragen, ob von seinen Einsichten Impulse für unsere Zeit und Situation ausgehen. In diesem Sinne dürfen wir der Frage nachgehen, ob Bonhoeffers Theologie auch heute etwas zu sagen hat.

Wir haben gesehen, in welch engem Zusammenhang bei ihm Leben, Glauben und Theologie stehen. Es geht ihm nicht um das Begründen von immer und überall geltenden Wahrheiten, sondern darum, was Glaube in der jeweiligen konkreten Lebenssituation bedeutet. Gerade dieser Denkansatz hat durchaus bleibende Gültigkeit und stellt auch für unsere Zeit die Frage, was gerade jetzt und hier Christentum und Christus für uns bedeutet. In Europa geht prozentual der Teil der Bevölkerung, der sich zu einer der christlichen Kirchen bekennt, zurück. Gleichzeitig stellen Soziologie und Theologie ein wachsendes Interesse an Lebensformen fernöstlicher Religionen fest und aktuell nimmt der Anteil von Muslimen an der Bevölkerung zu. Wie hat christliche Verkündigung heute zu geschehen, damit sie den Menschen die Nachfolge Christi als den wahren Weg zu einem erfüllten und verantwortlichen Leben in der Welt nahe bringt?

Individualität, Selbstbestimmung und Selbstverwirklichung sind für uns gängige Kategorien des Denkens und der Entfaltung der eigenen Persönlichkeit. Wir sehen uns als Einzelne nicht hineingeboren in eine Familie und in eine Tradition, die unseren geistigen, beruflichen und kulturell geprägten Lebensweg weitgehend vorzeichnet. Jeder hat und entwickelt eigene politische, weltanschauliche, religiöse usw. Überzeugungen. Der Einzelne sieht auch sein Recht, diese Überzeugungen und Auffassungen jederzeit zu wechseln und gewissermaßen zu neuen und besseren Einsichten zu gelangen, von denen er der Auffassung ist, dass sie ihm mehr entsprechen. Dauerhafte Bindung an bestimmte Einstellungen ist eher die Ausnahme. Von anderen gestellte Fragen werden häufig als Bevormundung gesehen. Bonhoeffers Einsicht, dass der christliche Glaube nicht nur persönliche Überzeugung ist, sondern Glaube und christliche Gemeinde bzw. Kirche zusammengehöre, weil

Glaubende Geschwister in Christus werden und Christus nur in der Kirche begegnet werden kann, stellt auch an uns die Frage nach der Bedeutung von Kirche und Gemeinde in unserer Zeit.

Das Reformationsjubiläum und die Lutherdekade haben die Frage nach der Ökumene erneut und anders in unseren Blick gebracht. Wir fragen, ob theologische Unterschiede tatsächlich Gegensätze darstellen, die einander ausschließen, oder ob es eine legitime, selbstverständliche Vielfalt ist, die bereichert und selbst einen Reichtum darstellt. Bonhoeffer sieht wirkliche Kirche Christi überall dort, wo das Evangelium verkündet wird. Kann auch heute von einem erneuerten Kirchenverständnis ein Impuls für die Ökumene ausgehen?

In unserer säkularen Gesellschaft sind Kirche und Staat getrennt. Religion ist Privatsache. Dass in Deutschland im Unterschied zu anderen Ländern der Staat trotzdem die Kirchensteuer einzieht, hat historische Ursachen, wird aber regelmäßig eben unter Hinweis auf die Trennung von Kirche und Staat hinterfragt. Als Papst Benedikt XVI. vor dem Deutschen Bundestag sprach, sahen das manche von dessen Mitgliedern als Verstoß gegen die verfassungsrechtliche Trennung von Staat und Religion. In konsequenter lutherscher Denkweise betont auch Bonhoeffer, dass die Kirche dem Staat nicht in sein gesetzgeberisches Handeln hineinreden dürfe. Er sieht aber auch eine Pflicht der Kirche gegenüber dem Staat, nämlich dort, wo sie ihn gegebenenfalls nach der Legitimität seines Handelns fragt oder wo sie dem Einzelnen sagen muss, diesen Befehl darfst du nicht befolgen, weil er gegen Gottes Gebot ist, z. B. geh nicht in diesen Krieg. Gottes Wille gilt, wenn auch auf unterschiedliche Weise, im Evangelium und für das Leben in der Welt. Heute sind Theologen Mitglieder in der Ethikkommission, von unterschiedlicher Seite werden regelmäßig Forderungen nach plebiszitären Elementen bei der Gesetzgebung vorgetragen, die Globalisierung bringt die Begegnung mit und die Nähe zu anderen Kulturen. Auch hier wird die Frage nach der gesellschaftlichen und politischen Funktion der Kirche zu stellen sein.

Wertewandel, Werteverfall und Krise der Ethik sind nur einige Schlagworte der letzten Jahrzehnte. Fast inflationär ist inzwischen der Gebrauch des Begriffs „westliche Werteordnung". Dabei handelt es sich letztlich um eine reine Worthülse, deren Inhalt weitgehend der Beliebigkeit unterliegt. Weder gibt es einen Katalog der „westlichen Werte", noch ist deren geschichtlicher Wandel im Blick. Bestenfalls wird er politisch in der Diskussion über die Integration von Fremden benutzt oder als Begründung für die Ablehnung autoritärer Herrschaftsformen. Nicht

selten werden die Begriffe „westliche Werteordnung" und „christliche Werte" einfach vorschnell
identifiziert.

Seit dem Ende des 20. Jahrhunderts versucht
die Stiftung Weltethos Grundwerte zu formulie-
ren, die in allen Religionen, Kulturen und Rassen
vorhanden sind. Die Menschenrechte sollen so
durch einen Katalog von allgemein akzeptierten
Menschenpflichten ergänzt werden. Neben glü-
henden Verfechtern dieser Konzeption gibt es
auch Kritiker, die eher das Unterscheidende her-
ausarbeiten wollen, um Verständnis für die jeweils andere Sicht zu erlangen. In seiner Ethik
reflektiert Bonhoeffer christliches Handeln als
Konsequenz des Glaubens. Dabei weist er die
Ableitung von Normen aus allgemeinen Prinzipien genauso zurück wie eine reine Gesinnungsethik. Vielmehr ist nach seiner Auffassung ethi-
sches Handeln das Wahrnehmen von Verantwortung in einer konkreten Situation, in der der
Einzelne über sein Handeln entscheiden muss.
Auch hier kann sein Denkansatz Impuls sein, die
konkrete geschichtliche und gesellschaftliche Situation zu analysieren und in ihr zu fragen, was
der Wille Gottes ist. Christliche Ethik unterschei-
det sich in seinem Entwurf von anderen Ethik-
entwürfen dadurch, dass er sie als Sozialethik
konzipiert. Vor Gott ist der Mensch verantwortlich
für sein Handeln gegenüber den Mitmenschen.

Dabei weiß er auch darum, dass es für den Handelnden keine letzte Sicherheit im Wissen um gut und böse gibt und der Mensch nur im Vertrauen auf die Vergebung Gottes das freie Handeln wagen kann. Die Kirche muss sowohl das Evangelium als auch das Gebot Gottes verkünden. Dabei richtet sich zwar in erster Linie die Verkündung des Gebotes an die Christenheit. Da der Verkündigungsauftrag der Kirche die Welt ist, muss sie die Verkündigung des Gebotes auch an diese richten.

Zeittafel

4. 2. 1906	Geburt in Breslau
1912	Umzug der Familie nach Ber lin
28. 4. 1918	Tod des Bruders Walter nach Verletzung im Ersten Weltkrieg
1923	Beginn des Theologiestudiums in Tübingen
1924	Italienreise, Fortsetzung des Theologiestudiums in Berlin
1927	Promotion
1928	Erstes Theologisches Examen beim Konsistorium in Berlin
1928 bis 1929	Auslandsvikariat in Barcelona
1930	Zweites Theologisches Examen, Habilitation
1930 bis 1931	Studienaufenthalt am Union Theological Seminary

	in New York
1931	Besuch bei Karl Barth, Welt-
	bundtagung in Cambridge,
	Privatdozent, Ordination
1932	mit Konfirmanden in Fried-
	richsbrunn, Ökumenische
	Tagung in Ciernohorské
	Kúpele, Weltbundkonferenz
	in Gland
1933	Rundfunkvortrag „Der Führer
	und der Einzelne in der
	jungen Generation", Aufsatz
	„Die Kirche vor der Judenfra-
	ge", Mitbegründer des Pfar-
	rernotbundes, Auslandspfarr-
	amt in London
1934	nach Beratung mit Bon-
	hoeffer veröffentlicht Bischof
	Bell eine Botschaft zur Lage
	der Kirche in Deutschland,
	Konferenz und Vortrag
	in Fanö

1935	Direktor eines Predigerseminars der Bekennenden Kirche
1937	Schließung des Predigerseminars in Finkenwalde und Beginn der „Sammelvikariate"
1939	Reise in die USA und baldige Rückkehr nach Deutschland
1940	Beendigung der Arbeit der „Sammelvikariate" durch die Gestapo, V-Mann der Abwehr, Auslandsreisen, Arbeit an der „Ethik"
17. 1. 1943	Verlobung mit Maria von Wedemeyer
5. 4. 1943	Verhaftung, Wehrmachtsuntersuchungsgefängnis in Tegel
8. 10. 1944	nach Aktenfund in Zossen Verlegung ins Gefängnis des Reichssicherheitshauptamtes
7. 2. 1945	Verlegung ins KZ Buchenwald
6. 4. 1945	auf dem Weg von Buchenwald Zwischenstation in Schönberg bei Passau

| 8. 4. 1945 | Abtransport nach Flossenbürg |
| 9. 4. 1945 | Hinrichtung durch Erhängen im KZ Flossenbürg |

Literaturverzeichnis

1. Quellen

Dietrich Bonhoeffer, Werke (DBW), Gütersloher Verlagshaus, Sonderausgabe 2015

Dietrich Bonhoeffer – Maria von Wedemeyer, Brautbriefe Zelle 92. 1943-1945, hrsg. Von Ruth-Alice von Bismark und Ulrich Kabitz, München 1992

2. Literatur

Bethge, E., Dietrich Bonhoeffer. Theologe – Christ-Zeitgenosse. Eine Biographie, Gütersloh [9] 2005

Bormann, C., Jesus Christus und die mündige Welt. Dietrich Bonhoeffers Briefe und Aufzeichnungen aus der Haft vor dem Hintergrund seiner Jugendzeit, Rheinbach 2015

Dramm, S., Dietrich Bonhoeffer. Eine Einführung in sein Denken, Gütersloh 2001

Dies., V-Mann Gottes und der Abwehr? Dietrich Bonhoeffer und der Widerstand, Gütersloh 2005

Feil, E., Die Theologie Dietrich Bonhoeffers. Hermeneutik-Christologie-Weltverständnis (Studien zur systematischen Theologie und Ethik   45) Berlin [6]2014

Honecker, M., Evangelische Ethik als Ethik der Unterscheidung (EThD 20) Berlin 2010

Huber, W., Konflikt und Konsens. Studien zu Ethik der Verantwortung, München 1990

Marsh, Ch., Dietrich Bonhoeffer. Der ver-klärte Fremde. Eine Biographie, Gütersloh 2015

Ott, H., Wirklichkeit und Glaube, Bd. I, Zum theologischen Erbe Dietrich Bonhoeffers, Zürich 1966

Schlingensiepen, F., Dietrich Bonhoeffer 1906-1945. Eine Biographie, München [3]2013

Tietz, Chr., Dietrich Bonhoeffer. Theologe im Widerstand, München 2013

William, R., Bonhoeffer als Schüler des „schwarzen Christus" in Harlem, in: Mitteilungen der Internationalen Bonhoef-fer-Gesellschaft. Deutschsprachige Sektion 111 (2015)

Bildnachweis

Titel: Gremmels, Ch., Bethge, R., (Hrsg.), Dietrich Bonhoeffer. Bilder eines Lebens, Gütersloh 2005

Abb. 1: Foto privat

Abb. 2 bis 8: Gremmels, Ch., Bethge, R., (Hrsg.), Dietrich Bonhoeffer. Bilder eines Lebens, Gütersloh 2005

Anmerkungen

[1] Tietz, Chr. A. a. O. 7

[2] DBW 9, 485

[3] DBW 9, 9 f

[4] Bormann, C., a. a. O. 234

[5] DBW 10, 590

[6] Tietz, Chr., a. a. O. 13, vgl. Bormann, C., a. a. O. 234-236

[7] DBW 9, 55

[8] DBW 11, 372

[9] Bormann, C., a. a. O. 234, Dramm, S., Dietrich Bonhoeffer, 32

[10] DBW 13, 90

[11] Bethge, E., a. a. O. 62

[12] DBW 9, 55

[13] DBW 9, 88, vgl. Schlingensiepen, F., a. a. O. 38-40

[14] DBW 9, 89

[15] DBW 9, 640 f.

[16] Bormann, C., 177-181

[17] DBW 1

[18] Bormann, C., 241

[19] DBW 1, 1

[20] DBW 1, 64 f.

[21] DBW 1, 30

[22] DBW 1, 48, vgl. Feil, E., a. a. O. 145

[23] DBW 1, 173, vgl. Feil, E., a. a. O. 36 f.

[24] DBW 1, 74

[25] ebd.

[26] DBW 1, 134, vgl. Feil, E.,
   a. a. O. 142-149

[27] DBW 1, 187

[28] DBW 1, 186

[29] Ott, H., a. a. O. 181

[30] DBW 1, 5

[31] DBW 10, 220

[32] DBW 10, 272

[33] DBW 10, 257

[34] 10, 249

[35] 10, 265, 279

[36] 8, 397

[37] DBW 10, 279

[38] Williams, R., a. a. O. 41,

z. G. ebd. 25-41

[39] DBW 11, 131-138

[40] DBW 11. 34, z. G. ebd. 327-347

[41] DBW 11, 242-260

[42] DBW 12, 349-358

[43] Tietz, Chr., a. a. O. 50

[44] DBW 12, 125

[45] DBW 12, 127

[46] DBW 13. 179

[47] DBW 13, 279 ff.

[48] DBW 13, 300

[49] DBW 14/1, 21, vgl. Schlingensiepen, F., a. a. O. 213

[50] DBW 14/1, 668

[51] DBW 14/1, 383

[52] DBW 14/1, 303, vgl. Schlingensiepen, F., a. a. O. 227-242 und Tietz, Chr., a. a. O. 78-82

[53] DBW 5, 37

[54] DBW 5, 94

[55] DBW 5, 73

[56] DBW 15, 625

[57] DBW 15, 192

[58] DBW 15, 192 f. und 228f.

[59] DBW 15, 235

[60] DBW 15, 208 f.

[61] DBW 15, 240

[62] DBW 15, 262 f.

[63] DBW 15, 613

[64] DBW 15,613

[65] Tietz, Chr., a. a. O. 90 f., vgl.
    Dramm S., V-Mann Gottes, 34 f.

[66] Dramm, S., V-Mann Gottes,28-35

[67] Marsh, Ch., a. a. O. 364

[68] Dramm, S., V-Mann Gottes, 85

[69] DBW 16, 267-269, vgl.
    Dramm, S., V-Mann Gottes, 116

[70] Honecker, M., a. a. O. 251

[71] DBW 6, 256-289, vgl. Huber, W.,
    a. a. O.141-145

[72] DBW 6, 285

[73] DBW 6, 283

[74] Bormann, C., a. a. O. 18

[75] Brautbriefe, 209

FSC
www.fsc.org
MIX
Papier | Fördert
gute Waldnutzung
FSC® C083411

Zeitfracht Medien GmbH
Ferdinand-Jühlke-Straße 7
99095 Erfurt, Deutschland
produktsicherheit@kolibri360.de